A TRAVERS NOTRE ALSACE

PAR

M. ERNEST ROEHRICH

PARIS
LIBRAIRIE FISCHBACHER
33, RUE DE SEINE, 33
1904

A TRAVERS NOTRE ALSACE

PRÉFACE

Ces pages, parues d'abord sous forme de feuilleton dans le *Journal d'Alsace*, ont été, à la demande de quelques lecteurs, tirées à part au fur et à mesure de la publication.

Nous nous rendons bien compte de ce que ce procédé a d'imparfait et demandons l'indulgence de la critique.

Nous n'avons voulu, en traçant ces esquisses, que faire connaître mieux et aimer davantage notre chère Alsace, sans cesser, au cours de nos excursions, d'élever le regard vers cet autre pays plus beau, vers ces horizons célestes et éternels dont notre âme a la nostalgie.

Laure Rœhrich.

Erstein (Alsace), 29 août 1894.

TABLE DES MATIÈRES

Préface.

I. Wissembourg.	1
II. Haguenau (La forêt)	13
III. Haguenau (La ville).	25
IV. Morsbronn	39
V. Wœrth.	61
VI. Les environs de Wœrth	79
VII. Les châteaux de la vallée de la Sauer	94
VIII. Autour de Niederbronn	113
IX. Le pays de Hanau	136
X. Saverne	161
XI. De Saverne à Wasselonne	181
XII. Wasselonne et le Schneeberg . . .	197
XIII. Au Nideck par Wangenbourg . .	214
XIV. Du Nideck à Haslach	230

ERRATA

Page 13, ligne 7, lisez: silvestre.

Page 56, ligne 13, lisez: glycine au lieu de glicine.

Page 68, ligne 27, ajoutez : Depuis que ces pages ont été écrites, le Dr Sadoul est mort, regretté par toute la contrée.

Page 163, ligne 22 et 23, supprimer les mots : appelée aussi vallée de la Mossig.

A TRAVERS NOTRE ALSACE

I.

WISSEMBOURG

Aspect général. — Le moine Ottfried. — Hans Trapp. — Monuments et faits historiques. — Marie Leckzinska. — 1870.

Nos bienveillants lecteurs voudront-ils s'associer à nos pérégrinations ? Nous leur proposons de visiter telle ville dont le passé est riche en péripéties dramatiques, tel site historique plein d'une pénétrante poésie, telle ruine abandonnée se dressant songeuse sur les contreforts des Vosges.

Nous rencontrerons des réminiscences chères, comme aussi des souvenirs tristes, mais partout nous nous sentirons bien *at home* dans notre cher vieux pays aimé, qu'on ne saurait trop étudier, trop faire connaître.

Commençons tout de suite par la partie septentrionale des Vosges dont Wissembourg est la clef.

Les montagnes n'y sont plus guère que des collines, mais chacune d'elles, pour ainsi dire, raconte une page de notre histoire. Quelle grâce dans leurs formes ondulées ! que la végétation y est belle et variée, et, dans certaines parties, la flore rare !

Les vallées sont particulièrement pittoresques ; elles offrent au touriste des ruines de vieux châteaux à profusion, et le long des cours d'eaux paisibles, des usines prospères, de belles campagnes fertiles, des petites cités où le moyen âge s'est conservé une retraite inexpugnable, et même des villes d'eaux dont la réputation s'étend bien au delà de nos frontières.

C'était un matin d'automne. Le ciel, dans son bleu virginal, avait soigneusement banni tous les nuages ; les dernières hirondelles, grisées par ce beau jour, tournoyaient avec volupté dans l'espace, comme pour secouer la nostalgie d'un prochain départ et promettre leur retour à ces pays aimés dont elles sont les hôtes fidèles et respectés. La rosée emperlait les prés fauchés, où les vaches paresseuses arrachaient encore, à coups de langue capricieux, les herbes déjà entremêlées des pâles corolles des colchiques, et, dans les champs, les houblonnières récemment récoltées offraient au regard leurs faisceaux de perches, disposées comme les fusils au bivouac.

Le chemin de fer nous emportait à travers cette campagne souriante, si variée d'aspect, si fertile et si pittoresque qui s'étend de la forêt de Haguenau jusqu'aux frontières du Palatinat, et nous ne pouvions nous empêcher de nous dire combien notre Alsace est belle dans toutes ses parties et à toutes les époques de l'année.

Nous voici arrivés.

Nous n'avons pas eu le privilège de connaître Wissembourg au temps de sa gloire et de sa prospérité. Cette première fois où nous le visitions, c'est-à-dire quatre ans à peine après les événements de 1870, dont cette ville a pâti plus qu'aucune autre, il nous sembla, en entrant dans ces rues tranquilles, propres, presque désertes, pénétrer dans quelque palais de la Belle-au-Bois-dormant. Quelque chose de morne et de mélancolique s'étendait, en dépit du soleil qui les dorait, sur tous ces bâtiments plus ou moins inhabités. Les auberges étaient silencieuses et les boutiques, avec leurs jolis étalages, semblaient implorer les acheteurs absents.

Bien que nous ayons revu Wissembourg depuis, nous sommes restée sous cette impression, et avons beau faire pour la secouer. C'est pour nous toujours la ville du passé, et son nom évoque avant tout des souvenirs lointains, des tableaux rappelant les époques les plus reculées de notre histoire, puisque son origine première remonte aux temps gallo-romains, à l'ancienne *Concordia* (*album castrum*). L'abbaye elle-même fut créée, croit-on, par Dagobert et visitée souvent par saint Firmin.

* * *

On raconte que Louis-le-Germanique, pendant une de ses expéditions guerrières, se disposait à exercer sa vengeance contre un couvent dont il croyait avoir à réprimer les velléités d'indépendance. Arrivé près de la sainte retraite consacrée au travail et à la prière, ses oreilles furent frappées soudain par des sons harmonieux s'élevant du pieux sanctuaire. C'étaient de jeunes écoliers qui exerçaient des hymnes latines sous la direction de leur maître, le célèbre abbé de Fulda, *Raban Maur*.

Ces voix pures et fraîches firent une impression si profonde sur l'empereur qu'il renonça à ses plans de vengeance ; ses instincts sauvages et guerriers avaient été domptés par le chant de quelques enfants !

Et parmi ces petits chanteurs zélés se trouvait un jeune garçon qui nous intéresse tout spécialement, car il devint lui-même plus tard, après le traité de Verdun, directeur d'une abbaye où la poésie et le chant sacré jouaient un grand rôle et de laquelle il a pris le nom. C'est *Ottfried de Wissembourg*, mort en 869, et dont la douce et sympathique figure se détache en traits lumineux sur le fond sombre et barbare de l'époque. C'est une des plus grandes gloires de notre Alsace ; il se distingua autant comme poète que comme peintre miniaturiste et comme pédagogue. Il ne lui suffisait pas que les enfants confiés à ses soins chantassent la naissance du Christ, sa Passion et sa mort dans cette langue étrangère que personne ne pouvait entendre. Il fut *le premier* à les rendre dans le dialecte vulgaire de l'époque, la langue *teutche*, et ces essais poétiques sont les documents les plus anciens d'une langue bien rude alors, qu'il a puissammen contribué à assouplir, à adoucir.

Quels accents naïfs et profonds dans ces vers

simples, pénétrés d'une foi ardente, dont nous essayerons de donner une traduction :

O Jésus, ô mon maître, entends ton serviteur,
Laisse chanter ici le fils de ta servante !
Du message divin que je sois le porteur,
Que ce soit dans ma voix ta voix même qui chante!

Ne me demandez pas des accents étrangers,
Du monde au faux brillant je ne sais rien vous dire;
C'est ta crèche, ô Jésus, les anges, les bergers
Que je célébrerai sur ma tremblante lyre.

Je montrerai comment, dans notre nuit sans paix,
Tu t'abaissas vers nous et fus notre lumière,
Comment tu pris sur toi du péché tout le faix,
Et vins nous racheter de la faute première ;

Comment tu les aimas, tes frères, les humains,
Pour dépouiller ainsi ta royauté, ta gloire,
Revêtir notre chair, marcher sur nos chemins,
Et sceller par ta mort sur la croix ta victoire.

Mais, pour qu'en répétant ces échos de ta voix,
De ne point t'offenser mon âme soit bien sûre.
Viens toi-même accorder mon chant d'oiseau des bois,
Et, du charbon de feu, toucher ma lèvre impure.

Que nous sommes loin, ici, des *impressionnistes* et des poètes décadents si fort à la mode ! Mais ne vous semble-t-il pas que ces anciens temps, dont on médit si volontiers, avaient maint avantage sur le nôtre ? Il devait faire bon dans cette abbaye de Wissembourg, sous la direction de ce maître d'élite, de ce poète naïf, ami des *Hartmuth* et des *Folkart*, ces grands artistes que *Judith* de Bavière, mère de Charles-le-Chauve, honorait de sa protection.

Cette époque-là nous semble une sorte d'idylle, d'éclaircie lumineuse, ayant précédé les siècles de violence qui suivirent, et n'ont laissé que trop de traces sanglantes et de ruines à Wissembourg et dans les environs.

Au dixième siècle la barbarie avait à peu près achevé de compromettre l'œuvre d'Ottfried, qui fut relevée par les soins d'*Adalbert*, de *Hédéric* et de *Sandrade*, et eut surtout à se réjouir des faveurs de l'impératrice *Adélaïde*, veuve de Lothaire, qui fonda en 993 l'abbaye de Seltz.

Mais nous ne faisons pas un cours d'histoire et ne saurions suivre, à travers les âges, les destinées de la ville et de l'abbaye ; nous ne voulons que choisir, au cours des siècles, quelques tableaux capables d'intéresser nos lecteurs.

* * *

Parmi les noms populaires se rattachant à l'histoire de Wissembourg et des environs, le plus connu est certainement celui de *Hans de*

Dratt, dont on a fait par corruption *Hans Trapp*. Lequel de nos enfants d'Alsace n'a entendu parler de ce terrifiant personnage, soit qu'il ne figure que comme complément obligé des surprises de Noël, soit que, à la campagne surtout, on évoque ce nom redouté à chaque méfait de la jeunesse : « Warte nur ! der Hans Trapp soll dich holen ! »

C'est qu'aussi Hans Trapp, non pas celui qu'on affuble de hottes, de turbans et de verges sucrées, mais bien le vrai, l'authentique messire Hans de Dratt, était un bien méchant personnage, redouté à vingt lieues à la ronde, et qui fit aussi trembler Wissembourg, à l'époque où il s'empara du château de Saint-Rémy. Ce chevalier était maréchal de la cour du comte palatin Frédéric le Victorieux, qui lui avait donné en fief le château de Bærwelstein, d'où il exerçait ses déprédations dans toutes les contrées environnantes. Il rançonnait les populations, leur interdisait de chercher du bois dans les forêts, de porter leurs fruits au marché de Wissembourg, barrait le cours de la Lauter pour empêcher le flottage des bois et le travail des moulins, et éprouvait un plaisir satanique à entendre les soupirs et les larmes du pauvre peuple.

Il mourut en 1514 et est resté, en Alsace, le type le plus accompli de la méchanceté et la personnification de toutes les terreurs enfantines.

* * *

Que d'autres épreuves eut à traverser la pauvre ville de Wissembourg ! Incendies, invasions de tous genres, sièges, guerres et révolutions y ont fait leurs ravages.

L'église de Saint-Pierre et Saint-Paul a été construite par l'abbé *Edelin* (1262-1293) sur l'emplacement des premières cellules du monastère. Il ne reste de l'édifice primitif que la tour et quelques parties très intéressantes, telles que la chapelle de Saint-Pierre. Notons aussi quelques maisons capitulaires et le cloître aux admirables proportions, qui rappelle beaucoup celui de Bâle. Le monument représentant Dagobert offrant, en expiation de ses péchés, l'église aux apôtres Pierre et Paul a disparu ; en général un affreux vandalisme, dans la seconde moitié du dix-huitième siècle surtout, s'est acharné sur ces chefs-d'œuvre, et, en particulier, sur le tabernacle, le saint sépulcre, le tombeau de l'abbé Rudiger et le saint Christophe colossal portant l'enfant Jésus à travers les eaux. Tout cela a été ou ravagé ou détruit.

Nous n'essayerons pas de parler des luttes qui signalèrent le quinzième siècle, ni de la *guerre dite de Wissembourg*, ni des razzias des comtes de Lichtenberg et de Fleckenstein, ni de la révolte des paysans ou *Bundschuh*, qui semèrent dans la pauvre ville l'incendie et la désolation. En 1677, un corps de partisans mettait tout au pillage.

Après la guerre de Trente-Ans Wissembourg fut dotée de gouverneurs dont le premier appartenait à la famille des ducs de Lorraine. La prospérité était rentrée dans la cité tant éprouvée, qui prit dès lors un accroissement très considérable et atteignait en 1698 le chiffre de 1300 âmes.

C'est de 1704 à 1708 que le maréchal Villars établit les fameuses *lignes de Wissembourg*, qui commencèrent à faire de cette place une vraie forteresse, et quand, en 1793, Wurmser voulut reprendre la ville, Hoche arriva de Niederbronn, battant les armées autrichiennes à Frœschwiller et à Wœrth et les rejeta sur le Geisberg, une des collines qui avoisinent la ville.

* * *

Arrêtons-nous un instant à une image plus paisible.

Dans un des appartements de ce château de Saint-Rémy, qui joua un rôle si important dans l'histoire de la ville, nous trouvons, de 1720 à 1727, la figure vénérable et sympathique d'un vieillard et celle d'une belle jeune fille, à qui l'amour filial inspire toutes les délicatesses, adoucissant ainsi pour tous deux les tristesses de la solitude et les douleurs de l'exil.

C'est du roi *Stanislas* et de sa fille *Marie Leckzinska*, que nous voulons parler. Forcé par la mort de Charles XII de Suède de renoncer à ses revenus, Stanislas dut accepter l'humble retraite que lui offrait, avec une pension du gouvernement français, le cardinal de Rohan.

Oubliant les fastes et les intrigues des cours, le roi détrôné ne s'occupait que de l'éducation de celle qui, par sa grâce, son charme et sa bonté, sut bientôt gagner le cœur de tous les habitants de Wissembourg. Elle était destinée à devenir plus tard[1], on le sait, l'épouse du triste roi Louis XV.

Que de fois, dans les jours sombres qui suivirent, les pensées de la jeune femme durent-elles revenir à ces lieux si chers pour elle, aux distractions simples qu'elle y avait goûtées et aux amis désintéressés dont elle avait appris à connaître le cœur sûr et fidèle !

[1] 1725.

Quand nous regardons le portrait qui a été conservé d'elle, cette belle médaille frappée à la Monnaie de Paris, ne nous semble-t-il pas découvrir, sur ce visage si expressif, la mélancolie des retours vers le passé, le regret des choses aimées qui ne reviendront plus !

* * *

Il nous resterait à placer ici un dernier tableau. Nous ne tenterons pas d'en esquisser les contours. Ces choses sont encore trop près de nous pour qu'on puisse se complaire à les décrire, et nous nous bornerons à tracer cette date :

4 août 1870.

Tout ce qu'elle peut évoquer de souvenirs et de pensées sera compris par ceux qui ont partagé les souffrances de l'Alsace à cette époque.

Dieu veuille accorder à la ville de Wissembourg, comme à nous tous, de ne pas revoir les scènes terribles qui passèrent alors sous nos yeux !

II.

HAGUENAU

I.

La Forêt. — Saint Arbogast. — Le Grand Chêne. — Le Rebouteur. — Amour de poète. — Walbourg. — Les Sources de Pétrole.

Si Wissembourg, malgré les clameurs guerrières et les fluctuations bruyantes des siècles, nous laisse sous l'impression d'un silence de cloître, le nom de Haguenau éveille surtout en nous des réminiscences sylvestres délicieuses, des bruissements de feuilles, des parfums de fleurettes des bois, et des chants de merles, de fauvettes et de rossignols.

C'est que décrire Haguenau, c'est parler avant tout de sa forêt, la forêt sainte, la *Sylva sacra* des anciens, la *Sancta foresta*, comme l'appelaient nos aïeux au moyen âge, cette forêt que nous avons tant parcourue, tant aimée, vue sous ses aspects sévères ou riants tour à tour, et qui occupe une superficie de 14,000 hectares. Elle est pour nous réellement sacrée, autant par la douceur des souvenirs personnels que par les traditions pieuses et les grands tableaux historiques qu'elle évoque.

On voyage beaucoup aujourd'hui, c'est un lieu commun de le répéter. Et, cependant, il nous semble que, dans les siècles reculés, le *passé gris*, pour nous approprier une expression allemande pittoresque, on s'accordait des itinéraires autrement vastes que ceux de notre époque. Étant donnée la difficulté des communications d'alors, il est plus aisé aujourd'hui de faire le tour du monde en quarante-huit jours, de souper un soir à Paris pour dîner le surlendemain à Constantinople, qu'il n'était facile aux premiers apôtres de l'Alsace d'aller y porter les bienfaits du christianisme. Et, cependant, saint Materne vient d'Italie, Colomban et saint Florent arrivent d'Irlande, Déodat de Nevers, Ymérius s'arrête dans nos pays à son retour de la Terre sainte, saint Amand s'y fixe en revenant de Rome, et le plus populaire de tous, Arbogast, quitte l'Aquitaine pour adopter comme seconde patrie nos plaines fertiles et boisées.

Avait-il, avant de prendre le froc, fait comme Alceste la triste expérience du monde où l'on ne trouve

> Que lâche flatterie,
> Injustice, intérêt, trahison, fourberie,

s'était-il expatrié

> Pour fuir en un désert l'approche des humains,

ou bien venait-il simplement en Alsace, avec l'ardeur du zèle d'un apôtre, apporter l'Évangile à ces contrées plongées encore au septième siècle dans le paganisme et la barbarie? C'est ce que ni l'histoire ni la légende ne nous apprennent d'une façon précise.

Le voilà donc, le pieux solitaire, s'installant au bord de l'Eberbach, ruisseau sombre et profond qui semble rouler des flots d'encre. C'est la partie la plus déserte de la forêt, consacrée sans doute jadis aux divinités païennes par ces Celtes dont on retrouve encore les *tumuli* dans le voisinage. Ingénieux comme tous les grands civilisateurs, Arbogast se construit une hutte de branchages, réussit à rendre inoffensifs les sangliers et les ours, et contracte amitié avec le gibier timide, les beaux chevreuils sveltes aux yeux si doux. Les oiseaux surtout sont vite apprivoisés et chantent matines et vêpres avec lui.

Mais à ces fils de race vigoureuse, la prière ne saurait suffire ; il leur faut aussi le travail, le bon travail sain et vivifiant : *Ora et labora !* et notre solitaire, la hache à la main, se met à abattre les grands arbres, à défricher les taillis impénétrables.

Peu à peu d'autres moines viennent se joindre à lui, tout heureux de se ranger sous sa loi, de suivre ses ordres, et les prairies fertiles, les champs bien cultivés coupent de leur fraîche verdure les tons plus sombres des pins géants et des chênes séculaires. Déodat même se rencontre avec Arbogast, dont la renommée arrive jusqu'aux oreilles des princes. C'est ainsi qu'un beau jour s'arrête devant les cultures du pieux ermite Dagobert II, celui des rois francs qui aima le plus notre Alsace. Il s'y était bâti près de Rouffach le château d'Isenbourg, et séjournait aussi volontiers à Marlenheim comme dans ses nombreuses autres villas, pour se reposer de ses exploits contre les Saxons, dont il avait fait exterminer tout homme dépassant la hauteur de son épée, nous dit le vieux chroniqueur Kœnigshofen.

En dehors de ces mœurs guerrières, Dagobert II était pieux à la manière de l'époque, c'est-à-dire que partout où il le pouvait il fondait un couvent, ou dotait ceux déjà existants de privilèges et de riches prébendes. Arbogast devait être son homme. Unissant le sens pratique, la simplicité rustique au don de commander, d'organiser, de diriger, l'ermite sembla au roi tout qualifié pour remplir de hautes fonctions. Il l'appela donc à l'évêché de Strasbourg, et, plus tard, lui fit hommage de l'abbaye de Rouffach avec tous ses biens, ce qui fut l'origine de l'Obermundat. Ce cadeau royal était un témoignage de reconnaissance. En effet, Sigebert, fils de Dagobert II, blessé mortellement par un sanglier, avait été rappelé à la vie par le saint évêque, auquel le roi accorda désormais toute sa confiance.

Fidèle à sa simplicité première, malgré tant de richesses et de faveurs, Arbogast demanda à être enterré sur la colline Saint-Michel, qui servait de gibet à la ville de Strasbourg, ne voulant pas, disait-il, d'une sépulture honorée, alors que son Sauveur avait été exposé sur une croix infamante à Golgotha.

Arbogast mourut en 668, et sa tête fut présentée par son successeur à la vénération des fidèles. Mais les vertus et les miracles qu'on attribue au saint évêque nous touchent moins que son long passage dans la forêt de Haguenau, où une pierre commémorative rappelle le séjour du pieux ermite.

*　*　*

Tout à côté de ce monument modeste s'en élève un autre, appartenant au règne végétal, celui-là, et portant allégrement le poids des siècles. Nous voulons parler du *Grand Chêne*. Il n'est point contemporain d'Arbogast, n'ayant vu le jour que 150 à 200 ans après le solitaire, mais il n'en est pas moins vénérable. Cet arbre colossal mesure, à hauteur de poitrine d'homme, 9 à 10 mètres de circonférence, mais à sa base il en compte bien 14 au moins. Quel respect vous saisit devant ce patriarche qui a vu mourir trente générations humaines ! Comme il nous dépasse, nous, pauvres êtres éphémères, par la majesté de sa taille, sa vitalité tenace, sa durée ! Et ce mystère qui enveloppe les choses très anciennes et les rend effrayantes et attrayantes à la fois, vous cause un saisissement augmenté encore par l'obscurité de cette partie très touffue de la forêt. On croit voir apparaître à chaque instant, dans la pénombre, la silhouette de quelque druide couronné de gui, ou de quelque preux chevalier bardé de fer.

Il est bien un peu caduc, le pauvre grand arbre, et plusieurs de ses branches inférieures sont mortes ; cependant, chaque année, malgré ses 1000 ans d'âge, il retrouve sa sève et sa vigueur, et se pare de sa couronne de feuilles transparentes, aussi gracieusement festonnées, aussi pures de forme que celles de chênes plus jeunes et plus solides. Et ces signes de vitalité intense contrastent étrangement avec les branches sèches ou mutilées par la foudre. Oui, il est vaillant, l'antique chêne, et il le restera jusqu'à ce que la dernière goutte de sève ait tari dans le tronc que les vers et les insectes auront envahi tout à fait.

En attendant, tout chante et fleurit dans la forêt. Dans la partie un peu sombre et humide, près du monument d'Arbogast, on ne voit, aux premiers jours de mars, que l'ail sauvage, les scilles bleues et, plus tard, les gentils petits capuchons blancs ou roses du *corydallis bulbosa*. Mais un peu plus loin s'étendent des tapis de mousse où se joue une lumière dorée filtrant entre les branches, et, vienne le mois de mai, des muguets[1] parfumés et de plantureux myosotis y fleurissent. On peut les cueillir par brassées sans qu'il y paraisse. Il y en a toujours, toujours.

Nous voyons dans nos souvenirs une joyeuse bande d'enfants moissonnant les fleurs d'azur par un beau jour de printemps ensoleillé, et en remplissant leurs petites robes, les paniers de provisions, les caissons, le siège, la capote rabattue de la voiture, et jusqu'aux oreillères du pacifique cheval, le vieux *Blœss*, dont la couleur vague nous faisait penser au coursier pâle de l'Apocalypse. A la fin, tout était bleu, et de quel bleu vif et intense ! Il y aurait eu de quoi rendre jaloux maint char enguirlandé figurant au carnaval des fleurs.

* * *

En fait de véhicules, on ne rencontrait guère alors sur la belle route forestière que des voitures de paysans allant vers Soufflenheim ou en revenant.

Soufflenheim ! Ce nom ne vous dit rien, n'est-ce pas ? Et, en vérité, à part l'ancienne voie ro-

---

[1] A la gare de Walbourg, pendant la saison, les voyageurs sont assiégés par des enfants vendant des bouquets de muguets.

maine qui y passait, le combat qui y fut livré par le maréchal de Belle-Isle contre les Pandoures (1744) et les fabriques de poterie bien connues qui ont fait sa réputation, on se demande ce qui pouvait bien attirer si puissamment les habitants des alentours dans ce village écarté, confinant à la forêt de Haguenau. Il était habité, à l'époque dont nous parlons, par un rebouteur, sorte d'illuminé célèbre à vingt lieues à la ronde. Hans-Yerry avait-il des rhumatismes, il courait à Soufflenheim et en revenait pour se faire envelopper de compresses de foin le membre malade, qui ne manquait pas de guérir ! Yokel trouvait un soulagement à ses crampes d'estomac, grâce à de la craie infusée dans de l'alcool ou du vin ; et le même remède rendait la santé au rachitique petit Marte-Fritz, à sa sœur ou à sa voisine anémique, sans parler des grippes, fluxions de poitrine, cholérines, rougeoles ou autres maux.

Puisque nous sommes à Soufflenheim, nous ne saurions manquer de rappeler, en passant, un village voisin, plus connu celui-là, et dont le nom passera à la postérité, avec celui de la fillette de son presbytère, entraînés tous deux dans l'orbite glorieuse d'un grand poète. Gœthe, quand il venait voir à Sesenheim la gentille et malheureuse Frédérique Brion, à laquelle il fut si tôt infidèle, dut parcourir maintes fois la magistrale forêt de Haguenau avec sa jeune amie ; et les murmures et les chants qu'il y entendit inspirèrent sans doute maints de ses vers.

Arrêtons-nous encore quelques instants à Walbourg [1]. Ce long village, un peu triste et monotone jadis, a acquis plus d'importance par suite de la construction de deux lignes nouvelles, celles de Walbourg à Wœrth et de Seltz-Walbourg-Mertzwiller, ainsi que par l'exploitation de sources de pétrole découvertes dans son voisinage immédiat. Nous nous souvenons d'avoir assisté maintes fois aux sondages opérés dans la contrée en vue de faire concurrence aux établissements prospères de MM. Lebel, au Pechelbronn. Ces recherches ont enfin été couronnées de succès et tout indique que la nappe d'huile souterraine ne sera pas épuisée de sitôt. Mais nous nous arrêterons de préférence au bord du chemin, devant le beau crucifix attribué à Pi-

[1] L'abbaye de Walbourg, datant du onzième siècle, avait comme voisine celle de Biblisheim, couvent de Bénédictines, fondé par Thierry Ier, comte de Mousson et Bar, et par sa fille Gunthilde.

galle, l'auteur du monument du maréchal de Saxe dans l'église Saint-Thomas, et surtout à la vieille église romane bâtie en 1080 par Frédéric de Hohenstaufen, avec l'aide du moine architecte *Wibert*, et restaurée en 1454 par l'abbé Bourcart de Müllenheim. Elle est bien curieuse à visiter et possède des vitraux du douzième et du treizième siècle, plus beaux que ceux de la cathédrale, à ce que nous ont assuré des connaisseurs. On a retrouvé, sous les affreux badigeons modernes, des fresques remarquables représentant les douze apôtres. Admirons aussi les boiseries, et surtout le tabernacle en forme de tour gothique, sculpté dans le grès des Vosges avec une finesse de détails que nous n'avons guère rencontrée ailleurs. Les figures, un saint Jean et un saint Michel surtout, sont d'une beauté d'expression saisissante.

Le cimetière qui entoure la vieille basilique est bien poétique avec ses tombes remontant dans la nuit des temps et dont la verdure transforme la tristesse sépulcrale, sans rien ôter au cachet antique dominant.

Walbourg, comme les monastères voisins de Neubourg [1], de Surbourg et de Seltz, possé-

---

[1] Complètement disparu aujourd'hui.

dait de grands biens et joua un rôle important dans le passé.

Un bas-relief représente l'histoire d'un des moines de l'abbaye, émule de Saint-François d'Assise. On raconte que, s'étant un jour oublié à entendre le gazouillement des oiseaux dans la forêt, il y resta enchanté pendant trois siècles. Jolie légende, n'est-ce pas? et que Gœthe aurait bien dû mettre en vers. Mais songeait-on alors à tout ce qu'il y a de poésie et de charme dans notre histoire locale et dans nos naïves traditions? Nous soupçonnons même le grand poète de n'avoir pas assez regardé les pures clochettes parfumées des perce-neige (*leucojum vernum*), si abondantes dans la forêt, aux environs de Mertzwiller surtout, ni assez entendu la leçon de fidélité des vieux arbres séculaires. Ils lui eussent appris à mettre lui-même mieux en pratique ces beaux vers de *Faust* ;

> Beglückt wer Treue rein im Busen hält,
> Kein Opfer wird ihm je gereuen.

III.

HAGUENAU

II.

Origine de la ville. — Les Hohenstaufen. — Vicissitudes diverses. — L'incendie. — Lettres et arts. — La foire de Saint-Martin. — Le houblon.

> Ces débris, chers à la patrie,
> Lui parlant de chevalerie.
> . . . .
> Si ce ne sont plus que des ombres,
> Ce sont des ombres de géants.
> Victor Hugo.

Sous l'épaisseur des chênes touffus et des pins sombres résonne le cor et retentissent les aboiements des meutes avides. Les chevaliers, montés sur leurs palefrois écumants d'ardeur, se précipitent à la suite des limiers flairant déjà la curée, et, sur de légères haquenées, suivent dames nobles et damoiselles, surexcitées par la course folle et les émotions de la chasse. Piqueurs et valets armés d'arcs, de piques, de pieux et d'arbalètes ouvrent et ferment la marche avec les écuyers portant le faucon sur le poing gauche. Cependant, obéissant à quelque mystérieuse consigne, le gibier semble avoir fui ce jour-là. Où sont donc les redoutables solitaires, les chevreuils légers, les cerfs dix-cors et même vingt-cors qu'on rencontrait si fréquemment alors dans la forêt sacrée? Quelque enchanteur a-t-il ensorcelé poil et plume et fait le vide sur le passage des paladins?

Après maints tours et détours infructueux la chasse arrive au bord de la Moder, coulant ses eaux claires et tranquilles dans lesquelles se reflète la cime des grands arbres.

Chiens courants, lévriers agiles et limiers à la dent acérée se sont arrêtés, redoublant leurs aboiements. En effet, au delà de la rivière, se trouve une haie verte et touffue, et, derrière cette haie encadrant une île, s'abrite le gibier timide, bien sûr de ne pas être troublé dans cette retraite.

Cela se passait dans les premières années du onzième siècle [1].

---

[1] Voir *Strobel: Vaterl. Geschichte des Elsasses*, 1er vol., p. 248.

Et c'est de cette île, de cette haie (*hag*) que la ville de Haguenau tire son nom.

Les chevaliers, charmés de la beauté du site, le choisirent comme rendez-vous de chasse. Et ce château primitif devint, sous *Frédéric le Borgne*, duc de Souabe (1115), la *Burg* célèbre dont son fils, le grand empereur *Frédéric Barberousse* fit un palais et une place forte.

* * *

Il se dresse là fièrement le château impérial, ceint de murs défendus par cinquante-quatre tours, qui dépassent les plus hautes cimes de la forêt. Autour du palais s'élèvent des maisons, des églises, et la ville de Haguenau va grandissant avec la gloire dynastique des Hohenstaufen, et se trouve mêlée intimement à toutes les péripéties de leur histoire.

L'empereur Barberousse aime à y séjourner et à s'y reposer des fatigues des camps. Il y installe sa cour et dote la petite cité de privilèges dont ses successeurs augmentent encore l'étendue, l'autorisant à célébrer une foire et à battre monnaie, etc., etc.

C'est à Haguenau, dans les trois chapelles construites par Barberousse, que sont con-

servés longtemps les insignes de l'empire :
la couronne y jette les feux de ses joyaux, la
sphère d'or surmontée d'une croix y brille, de
même que l'épée d'honneur et le vaste manteau
d'hermine. Ajoutez à cela des reliques rares, et
des trésors en fait de chartes et de vieux manuscrits.

Du palais impérial il ne reste plus guère de
vestiges aujourd'hui, et nous verrons plus tard
quel sort lamentable lui était réservé. Mais les
belles églises Saint-Georges et Saint-Nicolas,
bâties par les Hohenstaufen, souvent détruites,
puis reconstruites dans certaines de leurs parties, parlent encore à nos yeux charmés de cette
époque héroïque, de ces preux aux proportions
géantes. Vitraux anciens, fresques, colonnes,
ogives et fleurons nous révèlent ce que ces temps
reculés pouvaient produire de beautés artistiques ; et, là comme dans tant d'autres monuments
de notre Alsace, se rencontrent les lignes droites
et pures de l'architecture romane et les envolées
de clochetons gothiques, confondant les différences des styles dans l'unité grandiose des
siècles.

Comment ne se sentirait-on pas saisi de respect et presque de recueillement devant cette
histoire éloquente de notre pays, sculptée dans

la pierre ? Les cloches même qui vibrent aujourd'hui encore à notre oreille sont considérées comme les plus anciennes d'Alsace et ont sonné en l'honneur des Hohenstaufen, quand ils entraient triomphalement dans les murs de leur bonne cité.

Dès 1254, Haguenau était devenue ville impériale et l'une des plus importantes entre les dix villes sœurs formant la Décapole [1]. Elle servait de résidence à leur chef ou préfet, le *Landvogt*.

* * *

Que de grands événements, que de noms célèbres se rattachent à la cité impériale ! C'est dans ses murs que *Richard-Cœur-de-Lion* comparut devant une assemblée de princes ; l'empereur *Frédéric II* y amena sa jeune épouse, *Constance de Sicile*, désirant savourer son bonheur dans le silence recueilli des bois, et montrer à la belle Méridionale combien nos forêts d'Alsace ont de doux murmures et de chants d'oiseaux pour accompagner l'hymne éternel de l'amour.

[1] Wissembourg, Colmar, Landau, Obernai, Rosheim, Schlestadt, Kaisersberg, Turckheim et Munster.

Il ne nous est pas possible de suivre, à travers les siècles, toutes les péripéties auxquelles la ville de Haguenau fut mêlée, et d'énumérer les nombreux événements historiques qui s'y rattachent. Prise, rendue, reprise et révoltée tour à tour, elle est engagée dans les guerres locales entre des seigneurs rivaux, souffre beaucoup de la part des Armagnacs en 1439 et est, comme le reste de l'Alsace, agitée par les guerres de religion. En 1540, une Diète y est convoquée pour régler les affaires des parties adverses, mais n'aboutit point à une entente.

En 1552, sous Henri II, roi de France, nouvelles paniques et nouvelles tribulations; mais c'est surtout pendant la guerre de Trente-Ans que la pauvre ville subit, avec tout notre pays, les suites lamentables des événements. Tantôt servant de quartier-général à *Mansfeld*, tantôt au pouvoir de l'archiduc *Léopold*, puis aux mains de *Gustave Horn*, pour être reprise par les Impériaux, elle finit, après tant de vicissitudes, par tomber sous la domination française, à la suite du siège du marquis de Laforce, et, en 1662, les députés de la Décapole viennent y prêter leur serment de soumission à Louis XIV, serment ratifié en 1648 par le traité de Westphalie.

*
* *

— «Au feu, au feu!» *Fir jo!* — Tel est le cri qui retentit dans toute la cité le 10 février 1677.

Depuis quelque temps déjà, la crainte d'avoir à rendre la place à l'ennemi a déterminé les officiers de Louis XIV à faire démolir les forteresses ; puis on les a relevées.

Mais un beau jour, le maréchal de Labrosse décide de faire tout sauter. Des mines sont creusées sous les bastions du vieux palais impérial, sous les chapelles ayant abrité trésors et reliques. Des soldats font tomber du haut de la tour principale une colombe qu'ils croyaient d'or, et se la disputent ; d'un bout de la ville à l'autre on entend crépiter les flammes, s'écrouler à grands fracas les plus beaux monuments, sans qu'il soit permis aux bourgeois d'intervenir et de restreindre la violence du feu.

Tout n'est bientôt que destruction et que ruines. Le baron de Montclar lui-même s'effraye de l'étendue des ravages et, après que le sinistre a sévi déjà deux heures durant, permet enfin secrètement aux citoyens de préparer de l'eau et d'éteindre l'incendie... [1]

[1] Voyez Batt : *Das Eigenthum zu Hagenau im Elsass*, vol. Ier, p. 192.

Ce n'est point fini encore : quelques mois plus tard le marquis de Créqui venge par le feu le meurtre d'un de ses ofliciers, et c'est ainsi que disparaissent 150 des plus belles maisons de Haguenau, l'hôtel de ville et ce qui reste du palais des Hohenstaufen.

La légende populaire, cependant, croit toujours voir errer encore la grande ombre de Barberousse. Il n'est pas mort, mais enchanté seulement.

* * *

A travers les guerres et les révolutions, l'esprit humain, toujours optimiste, travaille pour la postérité et élève peu à peu, pierre après pierre, un édifice plus stable que les palais les plus imposants.

Haguenau a fourni aussi son contingent à cette noble cohorte d'esprits élevés, d'imprimeurs, d'artistes, de poètes, d'écrivains qui réparent ce que les hommes d'armes ont compromis ou détruit sans retour.

Trente ans à peine après la découverte de l'imprimerie fonctionnent déjà dans l'ancienne ville impériale des presses célèbres, comptant parmi les premières de l'Alsace, et d'où sont sortis maints gros in-folio, maint traité indigeste de grammaire, d'histoire ou de théologie. A dater de 1475 les *Henri Grau*, les *Jean Rymon*, les *Thomas Anshelm*, ces émules de Gutenberg, rivalisent avec lui d'habileté typographique, et *Jean Sécer* y publie les écrits de Mélanchton, de Luther et de Bugenhagen.

Un réformateur même, *Wolfgang Capito* (Kœpfel), voit le jour en 1478 dans les murs de la cité et se fait connaître par une longue série d'ouvrages de controverse et de théologie. Malgré cela, la religion réformée n'y trouve jamais un terrain favorable et y est étouffée dans son germe.

Parmi les gloires de l'ancienne ville impériale, nous ne saurions omettre le nom de *Gottfried de Haguenau*, bien que notre savant compatriote, M. le professeur Charles Schmidt [1], incline à lui donner une autre patrie. S'il n'a pas eu la naïveté d'inspiration et le génie profond d'Ottfried de Wissembourg, ce poète se distingua pourtant par ses hymnes et par ses chants d'amour. Formé à l'université de Paris, très versé dans les connaissances de son temps, Gottfried fut l'un des plus brillants *Minnesænger*.

[1] *Revue d'Alsace*, avril-juin 1873.

* *
*

C'est jour de foire ce matin.

Les paysans des environs se sont tous donné rendez-vous à Haguenau. On les voit arriver les uns entassés sur des voitures, avec des *bennes* chargées de fruits ou des corbeilles remplies de beurre et d'œufs ; les autres à pied, portant, à la façon de Perrette,

> Bien posé sur un coussinet,

un panier finement ouvragé, recouvert d'une appétissante serviette blanche.

Les rues assez désertes d'habitude présentent une animation extraordinaire. Tous les costumes de la contrée s'y rencontrent : les gilets rouges et les grandes redingotes à queue de morue, les tricornes et les bonnets de fourrure du Hanau, les jupes vertes et rouges, les larges nœuds alsaciens de Mietesheim, ou les petites capotes noires piquées et ouatées des environs de Wœrth, coquettement posées sur les cheveux relevés très haut, ou bien encore les élégantes coiffures et les corsages à collerettes des villages réformés proches de Wissembourg.

Tout cela va, vient, s'agite, se bouscule et patauge dans la boue glissante.

Sur les différentes places et dans les rues principales s'étagent les tables où l'on vend les saucisses fumantes ou *Knackwürste*, les petits gâteaux, la confiserie et les pains d'épices de Gertwiller. Sur le sol ou dans des boutiques s'étalent les coupons de Mulhouse, la chaussure de Metz, la bonneterie, les menus objets et les loteries de tout genre. Des foulards multicolores flottent au vent comme autant d'oriflammes improvisées, qui ajoutent à la gaîté du tableau.

On est étourdi par les cris redoublés des vendeurs appelant leurs chalands ou se querellant avec quelque paysanne qui marchande sur les prix, et ce murmure confus, formé par des milliers de voix, se perd dans l'accompagnement péniblement monotone des musiques de carrousel.

Un peu plus loin, sur un lit de paille fraîche, sont installées la poterie et la verrerie, et l'on y distingue des pièces artistiques dépareillées ou légèrement défectueuses, portant la marque des célèbres usines de Sarreguemines et de Saint-Louis.

Ce qui attire le plus l'attention, ce sont les grotesques chevaux de bois ou les bateaux emportés dans des tournoiements vertigineux, et surtout les guignols avec leurs dramatiques récits d'assassinats (*Mordthat*) que les petits paysans des environs écoutent bouche béante, tandis que les hurlements des fauves s'échappant d'une ménagerie voisine font trembler tout leur corps de plaisir et de terreur à la fois.

Et voilà ce qu'est un *Johrmarkt* alsacien ; nous ne l'avons jamais vu sous un aspect plus pittoresque et plus bizarre qu'à la Saint-Martin, dans la bonne vieille ville de Haguenau.

* * *

Mais visitons-la par un beau jour d'été. Qu'elle est charmante à parcourir ! Tout y respire l'aisance et le bien-être, tout y sourit, et le soleil semble se complaire à caresser les pierres des vieux édifices, les rues soigneusement balayées et les jolies devantures des magasins, où l'on rencontre toutes les ressources de la grande ville.

Un parfum pénétrant vous arrive par bouffées : c'est celui du houblon. Le houblon, en effet, est pour Haguenau ce qu'est le coton pour Mulhouse et pour Lyon la soie. On l'y entasse dans de vastes magasins ou des séchoirs spécialement construits à cet effet. Et voyez, dans les faubourgs de la ville et dans tous les villages environnants, comme on est affairé à cette récolte si importante ! Les bras de la localité ne suffisant pas, des bandes entières d'ouvriers étrangers, venus du Palatinat pour la plupart, et qu'on désigne par le terme générique de *Hopfezopfer*, passent la frontière, leur mince paquet sur la tête ou à la pointe d'un bâton, et ils s'en vont ainsi de lieu en lieu offrir leurs services.

Les grandes perches de 6 à 7 mètres de long sont abattues, dépouillées de leurs gracieux enlacements de verdure, où, au milieu du feuillage sombre, retombent les petits cônes légers, aux teintes claires, rappelant des pommes de pin pour la forme. Ils sont détachés délicatement et entassés dans des paniers, et, pour chaque panier d'un double décalitre, le travailleur reçoit environ quatre sous, seize pfennigs.

Les petits propriétaires emportent les lianes plantureuses dans des voitures, et c'est au logis qu'on se rassemble pour détacher le houblon de ses tiges. Ce sont de véritables fêtes, qui se prolongent bien avant dans la nuit ; on rit, on devise, on chante les vieux airs du pays, tout en avalant des petits verres de *quetsch* et des *dampfnudel*.

Les jours suivants vous voyez dans la rue ou le long du chemin d'énormes claies sur lesquelles sèche le houblon, en attendant le moment d'être entassé dans de grands sacs.

Alors vient le tour des courtiers, offrant tel et tel prix pour la marchandise, discutant à perte de vue avec le paysan, qui, tantôt fait une bonne affaire, tantôt aussi, dans la vaine attente de la hausse des prix, voit déprécier ses produits et subit des pertes très sensibles.

Cet aléa inévitable dans la culture des plantes industrielles et du houblon surtout, joint aux résultats peu satisfaisants des dernières récoltes, a fait un peu diminuer dans nos campagnes la plantation du produit cher aux disciples de Gambrinus. Elle n'en est pas moins toujours une des plus importantes.

C'est ainsi que, dans notre siècle utilitaire, les vieilles gloires d'autrefois, les scènes de chevalerie font place à la préparation ..... d'un verre de bière.

IV.

MORSBRONN

Aspect général. — La cense féodale. — Bonheur détruit. — Lettre du pasteur Kirchner. — Une étrange école du dimanche. — Nouvelles détresses. — Unis dans la mort.

MODESTE village — grand nom que les échos de l'histoire porteront aux générations futures !

Arrêtons-nous un instant sur cette colline fertile, couronnée d'arbres fruitiers et de vignes. On y jouit d'un coup d'œil charmant sur la plaine, la forêt de Haguenau, Walbourg, Dürrenbach, et, plus loin, à gauche, sur Surbourg, Betschdorf, Rittershofen, tandis qu'à l'horizon, au pied des cimes colorées de teintes ardentes de la Forêt-Noire, tremble, dès les premiers rayons de l'aurore, la ligne argentée du Rhin.

La contrée est aussi remarquable par la richesse de son sol et de ses cultures, le type caractéristique de ses habitants et la persistance des anciennes traditions, que par des souvenirs historiques se rapportant à toutes les époques.

Voyez ces grandes maisons à solives de bois noirci, très vieilles pour la plupart ; beaucoup d'entre elles ont cour et pignon sur rue, ainsi que cela se rencontre dans les villages d'origine fort ancienne et bâtis à une époque où il s'agissait de se défendre contre les attaques du dehors. La propriété est close devant par un mur, derrière par de vastes dépendances : greniers où s'entassent les riches moissons, écuries où s'élèvent de beaux bestiaux et une race de chevaux forte et résistante, celliers qui regorgent à l'automne de fruits succulents. Dans les plus importantes de ces fermes ne manque ni le pressoir d'où s'échappent le cidre clair et le vin apprécié, le *Morsbronnerroth*, partageant autrefois, avec celui de Lampertsloch, la priorité des crus du pays, ni l'alambic qui distille goutte à goutte la précieuse liqueur tirée des cerises et surtout des pruneaux ou *quetsch*, extrêmement abondants dans les vergers encadrant le village.

Les devantures des maisons, ornées de treilles rougies par l'automne, sont encore enguirlandées de franges de tabac ou de couronnes de maïs au beau jaune lustré, ce qui achève de donner à l'ensemble un aspect pittoresque et aisé.

Qui songerait, dans la paix de cette riche vie agricole, de ce bien-être un peu terre à terre, mais non dépourvu de poésie, à des jours de trouble et de pillage, à des images guerrières et sanglantes, si, de tous côtés dans la campagne, des croix de bois blanc, surmontant de petits tertres verts, ne forçaient le passant à s'arrêter songeur ?

Elles s'élèvent tantôt très espacées, semblables à quelques sentinelles égarées de l'éternité, tantôt rapprochées les unes des autres, comme de petites nécropoles, et paraissant le soir des groupes de fantômes mystérieux...

L'étranger les contemple, soupire, dit peut-être une muette prière, et s'éloigne en méditant sur les destinées des peuples. Mais l'habitant de la contrée, le paysan actif, rude au travail, peinant en été de 2 heures du matin à 10 heures du soir, ne remarque plus guère dans ses champs ou sur son chemin ces jalons funèbres. Plusieurs d'entre eux même ont déjà disparu. C'est que le sol a été labouré et ensemencé vingt-trois fois déjà depuis que des flots de sang y ont coulé...

L'homme oublie vite, et la végétation vigoureuse lui prête son concours pour envelopper les choses disparues d'une draperie d'espérance, jusqu'au jour où les poussières humaines se relèveront à l'appel du grand réveil.

Nous sommes à l'arrière-saison, et d'ici à peu de temps le village célébrera sa fête patronale, son *Messti*, avec force victuailles et fines pâtisseries, telles qu'on n'en fait qu'à Morsbronn.

Cinq heures viennent de sonner à l'horloge enrouée de la vieille tour. Cette dernière remonte au moyen âge et a été plus ou moins épargnée par les guerres, tandis que la nef a dû subir à diverses reprises des réparations. Les armoiries de la maison de Deux-Ponts et celles du village (une serpe encadrée de tilleul), qui surmontaient autrefois le linteau des deux portails, ont été encastrées dans un pan de mur et se voient encore aujourd'hui.

L'église est entourée du cimetière, où des monuments funéraires rappellent les événements tragiques de 1870 et portent des noms d'officiers supérieurs français et allemands.

Une note mélancolique s'échappe de toutes ces choses, de cette nature d'automne, de la richesse même de ces terres, de ce beau village, et des rues désertes à cette heure du jour, car tout ce qui peut remuer pieds et mains est aux champs, pour terminer les dernières récoltes de l'année. A peine rencontre-t-on quelque fillette portant tant bien que mal un gros marmot peu débarbouillé, ou quelque vieille à la peau parcheminée, coiffée du petit bonnet-capote en soie noire piquée, d'où s'échappent en désordre des cheveux gris. Elle est assise tristement sur un banc, devant la maison, et semble, dans son attitude lasse et avec son regard voilé, une image inconsciente de ce passé dont elle possède à peine quelques notions.

* * *

Si des ammonites et diverses pétrifications qu'on trouve dans les champs de Morsbronn et dans les carrières du Niederwald nous parlent des temps préhistoriques, des urnes funéraires déterrées il y a un certain nombre d'années au Gütliberg nous rappellent l'époque gallo-romaine, de même qu'un chemin qu'on nomme toujours *Herrenweg* paraît correspondre à la voie romaine allant de Brumath à l'ancienne *Concordia* (Altstadt, près Wissembourg).

Morsbronn doit avoir, dès les temps les plus reculés, partagé les destinées de la Forêt sainte et des localités environnantes, mais ce n'est qu'au moyen âge que nous voyons ce nom figurer dans de vieilles chartes. Il n'y existait sans doute encore qu'une simple ferme ou un assemblage de fermes, dont le patronage et les redevances se transmettaient à des seigneuries différentes. Plus tard, devenu un village important et peut-être même un petit bourg, il passe aux comtes de Deux-Ponts et revient, en 1570, à la famille de Hanau-Lichtenberg, qui y introduit dès 1571 la Réforme.

Arrêtons-nous un instant à ces fermes féodales ou *censes*, dont la curieuse organisation n'est pas sans intérêt.

Les fermiers qui, dans un même rayon, cultivaient les biens d'un même maître se réunissaient à époques régulières en cour ou *plaid*. Cela s'appelait *collonge* (*Dinghof*) et chaque collonge avait des règlements ou statuts très précis, qu'on désignait sous le nom de *rotules* (*Jahrspruch*). Plusieurs de ces documents nous ont été conservés et nous avons eu nous-même entre les mains tel vieux *Johrspruch*, vénérable débris du passé, dont le parchemin résistant fait une heureuse concurrence à nos vélins et à nos papiers de Hollande. Ces rotules énuméraient minutieusement les amendes imposées à tous ceux qui se rendaient coupables de quelque délit de chasse, de pêche, etc., ou ne répondaient pas à l'appel de la cloche quand on barricadait le village et que le moment était venu de payer les dîmes.

Morsbronn possède encore une de ces maisons où devaient être apportées les redevances et qui a conservé le nom de *Meyerhof*. C'est un beau bâtiment, qui se distingue des fermes voisines par ses proportions plus vastes et son grand air. Nous n'en avons jamais franchi le seuil sans nous reporter au passé, à ces temps de servitude et de réglementation minutieuse des délits, où le pauvre paysan, pris dans un réseau inextricable de prescriptions, d'obligations et de défenses, dont plusieurs font sourire par leur puérilité, ne pouvait ni quitter le sol, ni se marier, ni accomplir un acte d'initiative quelconque sans l'agrément et l'autorisation de son suzerain.

Les cultivateurs se divisaient alors en *freie Lyt* (gens libres) et journaliers (*arme Lyt*), mais la liberté des premiers était, comme nous l'avons vu, bien précaire.

Un aimable contradicteur nous interrompt ici :

— Ils n'étaient pas moins heureux pour cela, nous dit-il.

— Heureux ? un paradoxe, n'est-ce pas ?

— Nullement. Les dîmes étaient calculées selon l'importance des récoltes de l'année, et le paysan n'était jamais exposé à dépasser ses revenus. Est-il plus favorisé aujourd'hui avec les lourdes charges qui, bon an mal an, pèsent sur lui ? Si sa récolte a manqué, nul n'en tient compte et ne lui vient en aide. Il s'enfonce de plus en plus, a recours aux emprunts, aux hypothèques.., et c'est ainsi que, dans notre Alsace, nous avons des villages entiers dont les habitants n'ont presque plus rien qui leur appartienne en propre. N'est-ce pas un servage plus douloureux que celui qui était imposé aux sujets de certains bons suzerains, tels que les princes de Hanau-Lichtenberg, dont le souvenir est encore béni aujourd'hui à Morsbronn et aux environs ?

Soit, rendons-nous aux arguments de notre interlocuteur et inclinons-nous devant les vertus paternelles des nobles seigneurs qui avaient résidence à Bouxwiller.

* * *

L'hiver est passé, la neige et la glace ont disparu, et le grand verger du presbytère de Morsbronn commence à reverdir aux premières haleines du printemps. Les arbres fruitiers montrent leurs bourgeons tout gonflés de sève, d'où sortiront dans quelques semaines les blanches touffes de fleurs doucement parfumées, et les violettes, qui, à la fin de mars, formeront un vrai tapis bleu tout embaumé, essayent de dégager leurs premiers boutons des touffes vertes de leur feuillage.

Trois jeunes filles rieuses sont en train de s'ébattre dans le vaste espace gazonné et se poursuivent l'une l'autre en poussant de petits cris d'oiseaux. Ce sont des sœurs, les filles du pasteur de Morsbronn, Jean Sattler, et elles se nomment Eve, Sabine et Elisabeth. L'aînée a 18 ans à peine et les deux autres en comptent 13 et 10. C'est l'âge des doux rêves, des grands espoirs, des jeux insouciants, l'âge où, dans ces premiers jours de printemps surtout, on se sent comme un redoublement d'entrain et se précipite, ailes déployées, au-devant de la vie, à la rencontre du bonheur.

Non loin des jeunes espiègles un enfant plus petit essaie d'attraper des canards et des oies, qui s'enfuient en poussant des clameurs un peu discordantes, tandis que la mère, souriant à tous ces frais visages épanouis, sent son cœur se gonfler de reconnaissance et ne perd pas de vue un petit être encore mal affermi sur ses pieds mignons. Le père, un homme de 48 ans, à la physionomie digne et bienveillante, est occupé un peu plus haut à tailler des vignes et se retourne de temps en temps pour observer les ébats de ses enfants ou échanger quelques mots avec sa compagne.

Les longs rameaux rugueux tombent sous la serpe et vont joncher le sol, et partout où ont eu lieu ces amputations jailliront dans quelque temps les larmes qui sont une sève généreuse, une rosée divine... Serait-ce un symbole ? M. et Mad. Sattler n'y songent guère, sans doute, et ne se rappellent peut-être pas en ce moment la parole biblique : « Il émonde tout sarment qui porte du fruit, afin qu'il porte encore plus de fruit. » (Jean XV, 2.)

Nous sommes en février 1632. Depuis que l'armée de Mansfeld a occupé Haguenau, qu'elle a quitté maintenant pour assiéger Saverne, des temps bien rudes ont commencé pour Morsbronn et pour toute la contrée, malgré les 100,000 florins que le comte de Hanau a sacrifiés, afin de mettre ses Etats à l'abri des incursions de la soldatesque. Mais déjà les impériaux sont revenus à Haguenau et les Croates, si redoutés et si redoutables, ont fait plusieurs apparitions dans les environs, forçant les gens à s'enfuir et mettant tout à feu et à sang.

Le pasteur Sattler a hébergé déjà à plusieurs reprises de malheureux fuyards, mais aujourd'hui un combat vient de s'engager à Hegeney[1], hameau voisin, et le cri de : « Sauve qui peut ! voici les Croates ! » retentit dans les rues du village. Bientôt toute la population est sur pied, et l'on prend à la hâte le chemin de la forêt. M. et Mad. Sattler se sont joints avec leurs enfants à la troupe affolée, ne se doutant pas qu'ils ne reverront plus ce presbytère, ce verger, tous ces lieux où ils ont goûté un si paisible bonheur !...

Quelques heures plus tard tout est pillé, ravagé, et les flammes de l'incendie tourbillonnent

---

[1] « Le 17 février ont été enterrés ici 4 soldats suédois, qui avaient été attaqués le matin même à Hegeney par les troupes de Haguenau, avec 20 autres blessés, qui sont en traitement ici. » (Extrait des registres paroissiaux de Wœrth.)

et crépitent autour du clocher, qui seul restera debout, témoin muet de tant de ruines.....

A Wœrth, où la famille Sattler s'est retirée et habite un petit logement dans le bâtiment de la Monnaie, d'autres épreuves plus redoutables encore lui sont réservées. La peste, cette noire compagne de la guerre, ravage déjà les environs. Mad. Sattler en a rapporté les germes de l'enterrement d'un parent, auquel elle a assisté à Wissembourg; elle a la douleur de voir succomber tour à tour au terrible fléau ses quatre filles chéries et son mari, et reste seule avec un petit garçon en bas âge.

Les registres paroissiaux de Wœrth nous fournissent sur ces tristes événements des détails brefs, mais suffisamment éloquents, et les cinq décès en question portent, dans le livre, les numéros 50, 66, 68, 69 et 70 [1].

*
* *

Pour prouver à nos lecteurs que nous n'avons pas tracé ici un tableau fantaisiste de la guerre

---

[1] N° 69: « Herr Joh. *Sattlerus*, Kitzigensis, Pfarrer zu Morsbrunn, 48 Jahre alt, 19 Jahr in der Ehe, *peste cum suis extinctus*, 5. Okt. *sepultus.* » Et de sa fille Catherine il est dit: « *eodem die eadem vice sepulta!* »

de Trente Ans et de ses conséquences, nous leur donnerons encore la traduction d'une lettre écrite par le pasteur *Kirchner,* successeur du pasteur Sattler. Il avait été envoyé de Lichtenau à Wœrth, muni d'un sauf-conduit et sous bonne escorte, et il s'intitule *pasteur de Morsbronn,* bien que, de sa pauvre paroisse, il ne reste plus que des ruines :

« Aussitôt que j'eus été nommé du vicariat de Herrlisheim à Morsbronn commença la misère. Le presbytère avait été brûlé et je dus aller m'établir à Wœrth. J'y fus tourmenté par les garnisaires et les pillards des armées française et autrichienne. La petite ville fut prise d'assaut par les Croates, et, à cette occasion, plusieurs habitants tués ou blessés. Moi-même je fus fait prisonnier, dépouillé de mes habits, et on me jeta une paire de culottes à boucles. Je dus porter le produit des rapines au camp de Mitschdorf, mais je pus rentrer le soir dans la ville avec une escorte.

« Bientôt arrivèrent les Suédois pour piller le camp des Croates, et nous nous enfuîmes tous, avec les femmes et les enfants, vers les châteaux de *Winstein* et de *Schœneck,* laissant tout notre avoir à leur merci. Mais comme on ne pouvait rien obtenir dans les châteaux sans argent, je tentai d'en aller chercher, et me rendis seul à Strasbourg.

« Je me glissai d'abord dans la direction de Brumath, à travers la forêt de Haguenau, et je tombai, près de Kriegsheim, sur un parti de soldats français. Ils me battirent, me déshabillèrent et voulurent me fusiller. J'appelai au secours et des fourrageurs sortirent des champs et me délivrèrent. De là j'arrivai au camp de cavalerie de Stephansfeld, et pus atteindre Strasbourg avec un détachement de soldats. Muni de mon argent, je repris le chemin du retour ; mais comme tous les villages étaient occupés, je quittai les sentiers battus et me glissai à travers champs... Je dus traverser la Zorn à la nage, et me défendre contre un troupeau de porcs ; enfin j'atteignis à la pointe du jour Morsbronn, et voulus me reposer dans une maison en ruine, quand entra un loup que je parvins à effrayer par mes cris. Sur le chemin de Frœschwiller je rencontrai des Croates et me jetai par terre. Dieu permit qu'un buisson de genêts se trouvât juste là pour me cacher. Aussi, je pus arriver sain et sauf à Schœneck avec mon argent.

« Quand les Croates eurent quitté leur camp de Mitschdorf, je tentai, avec quelques autres citoyens, de rentrer à Wœrth. J'y passai la nuit, mais à l'aube nous fûmes attaqués par des soldats qui nous poursuivirent, un bourgeois et moi, sur une haute tour, au pied de laquelle coule la Sauer, et, s'emparant de nous, nous jetèrent dans la rivière. Grâce à la protection des anges, la terrible chute ne nous fit aucun mal. Nous échappâmes ainsi, pour aller nous cacher dans la forêt, puis dans une caverne. Deux hommes s'y chauffaient devant un bon feu ; nous pûmes sécher nos habits et nous restaurer au moyen d'une boisson que ces paysans avaient pressurée pendant la nuit...

« Lorsque le printemps arriva, la famine noire régnait chez nous au point que beaucoup de gens se nourrissaient de la viande pourrie des nombreux chevaux morts, abandonnés au bord des routes. La meunière de Mitschdorf me raconta que, durant tout un trimestre, elle n'avait pas vu de pain et s'était alimentée avec du cuir de chevaux ! Un paysan de Lampertsloch se soutint pendant cette longue période à l'aide de limaces et d'escargots. A Preuschdorf, quelques enfants ouvrirent le cadavre d'une femme, en tirèrent le cœur, les poumons et le foie, les apprêtèrent et les mangèrent ! ! ! »

* * *

— « Assez, assez ! » s'écrieront, sans doute, nos lecteurs, et nous voudrions bien, à la suite de tant d'horreurs, leur offrir un tableau plus riant.

Malheureusement les destinées de Morsbronn continuent à être tristes. Se relevant à grand'-peine et lentement de ses ruines, le village demande à être reconstitué en paroisse distincte. Mais les pétitions successives qu'il adresse aux autorités ont toujours des fins de non-recevoir. La jeunesse n'a plus une instruction suffisante, les mœurs se relâchent, et quand le zélé pasteur *Heinold* (1733) s'efforce, bien que n'habitant pas le village, de relever la population, il se heurte à l'ignorance la plus complète. Loin de se décourager, il institue, après le sermon du dimanche, un examen auquel jeunes et vieux sont tenus de prendre part, et où ceux qui ne savent pas lire peuvent même apporter l'A B C. Ce fut un vrai coup de théâtre.

— « Que pense M. le pasteur ! Comment saurions-nous le catéchisme ?.... Nous dormons au prêche, est-ce étonnant ? On ne nous a rien appris ; moi j'ai servi de longues années dans l'armée palatine, toi, Yokel, chez les Wurtembergeois. Non, non, déclare l'échevin, je n'irai certes pas à cet examen ! »

Et ce fut Monsieur l'échevin qui, le lundi de Pâques suivant, donna la première réponse !

L'émulation et l'enthousiasme allèrent même si loin que, lors de l'inspection ecclésiastique (*Kirchenvisitation*) qui suivit, l'inspecteur s'écria : « Comment se fait-il, ô Morsbronnois, que vous répondiez si admirablement ? Décidément, je ne vous reconnais plus... »

Et les braves gens de sourire et de remercier *in petto* leur pasteur.

* * *

La Révolution amena une nouvelle période d'angoisses sur le pauvre village. Le presbytère catholique, existant à Morsbronn depuis que, par ordre de Louis XIV, l'église avait été attribuée aux deux cultes, fut abandonné par son desservant. On sait combien les ecclésiastiques d'Alsace eurent à souffrir pendant la Terreur.

Il nous semble entendre encore le vieux *Lang Michel,* assis dans son vaste fauteuil de grand-père, nous parler de ces temps-là, nous raconter les misères auxquelles il avait assisté, et fulminer contre Euloge Schneider, Saint-Just et Robespierre (*Roupeschpire,* comme il disait).

D'autres temps cependant s'étaient levés sur le village et semblaient promettre enfin une ère de prospérité. Après avoir été longtemps l'annexe de Frœschwiller, Morsbronn obtint (17 mai 1864) de redevenir une paroisse protestante indépendante, et, sous le ministère de M. Théophile Schæffer, en 1866, le presbytère détruit pendant la guerre de Trente Ans fut rebâti, grâce aux collectes du pasteur et à l'aide de la somme donnée par Wœrth, en rachat de l'ancienne diaconie.

Qu'elle est jolie et riante, la coquette maison grise, avec ses espaliers, sa glicine, son lierre, le jardin fleuri l'environnant du côté de la rue, le potager et le verger tout plantés d'arbres fruitiers qui la bornent derrière et vont rejoindre les champs et les prairies descendant en pente douce vers la plaine ! Ne semble-t-il pas que les spectacles guerriers en doivent être écartés à tout jamais ?

Et, cependant, c'est là que, le 6 août 1870, de malheureux blessés reçoivent les premiers soins dans la grande salle du rez-de-chaussée... Longtemps les parquets porteront encore les traces du sang répandu...

Nous avons hésité à parler de ces choses qui

nous touchent encore de trop près. Bornons-nous à une brève esquisse.

Morsbronn formait, comme on sait, la ligne droite extrême de l'armée française, et la division Lartigues devait la couvrir du côté de la forêt de Haguenau ; elle fut obligée de se replier sur Elsasshausen, tentant encore, mais trop tard, cette fameuse charge de cavalerie, destinée à retenir les bataillons allemands qui s'avançaient. Les jardins, les vignes, les vergers, les maisons étaient déjà occupés, et, des fenêtres, des granges, s'échappait une grêle de balles, allant résonner sur les armures des cuirassiers. Les infortunés cavaliers, ne trouvant plus d'issue, remontaient et redescendaient le village au galop de leurs chevaux affolés.

Tout le monde s'était caché dans les caves ; celle du presbytère protestant, la plus vaste, servait de refuge aux habitants des maisons voisines et, entre autres, à une pauvre paysanne, qui y mit un enfant au monde, au plus fort de la bataille !

Un peu plus bas, l'instituteur, M. Jung, ayant vu, par le soupirail, un cavalier tomber devant sa porte, sortit de la cave et, aidé d'une femme, voulut le transporter chez lui pour le panser. Pendant qu'il se livrait à cette besogne de bon

Samaritain, il fut frappé à l'épaule par une balle.

Peu des malheureux cuirassiers échappèrent ; ceux que le feu meurtrier n'avait pas atteints s'étaient réfugiés dans les greniers, dans les granges, où ils ne tardèrent pas à être faits prisonniers. Les Allemands pénétraient partout, fouillant les maisons jusqu'aux combles, et tirant à droite et à gauche. C'est ainsi qu'un coup de feu passa sous le siège où une vieille grand'-mère était assise, mais sans l'atteindre, heureusement.

Et maintenant les vainqueurs étaient maîtres du terrain. De tous côtés on transportait les blessés, on apportait des vivres.

La journée du dimanche fut employée à enfouir hors du village les innombrables chevaux qui encombraient les rues et, vu la chaleur, commençaient à entrer en putréfaction.

160 morts étaient restés sur le carreau, et, le lundi suivant, on les enterra au cimetière, dans de vastes fosses communes. D'autres tombes furent disposées en pleins champs pour contenir pêle-mêle les victimes des deux nations.

Depuis, au haut de la colline, a été élevé un monument commémoratif sur lequel on lit l'inscription :

AUX CUIRASSIERS

dits de Reichshofen.

*Militibus gallis hic interemptis, die VI Aug. 1870
Defuncti adhuc loquuntur
erexit patria mœrens. A. D. 1873.*

et sur le revers de la pierre :

Melius est mori in bello quam videre mala gentis nostræ et sanctorum [1]. Liber I Macchab. Cap. III, 59.

* * *

Dans un petit vallon au milieu des champs, une humble croix ne portant ni inscription, ni signe distinctif quelconque, dresse sa silhouette blanche entre des buissons de prunelles, de troënes et d'églantiers. Là reposent, nous a dit un témoin oculaire, un Allemand et un turco, trouvés, le lendemain de la bataille, si étroitement enlacés dans la mort qu'il ne fut plus possible de les séparer. Jamais nous n'avons pu passer devant cette tombe sans une pensée émue et une prière ; et, à l'heure solennelle où une

---

[1] Il vaut mieux mourir dans la bataille que de voir les maux de la nation et des lieux saints.

année s'éteint et fait place à une autre, c'est en
étouffant un sanglot que nous écoutions résonner
dans la nuit le son grave des cloches de Morsbronn, en répétant avec le poète Tennyson [1] :

[1] Ring out, wild bells, to the wild sky...
. . . .
Ring out the thousand wars of old,
Ring in the thousand years of peace!

Sonnez, cloches, sonnez dans la nuit d'hiver sombre,
Dans la plaine glacée et sur les monts déserts!
L'an nouveau, l'an de grâce et d'espoir luit dans
[l'ombre;
Sonnez, cloches, sonnez et vibrez dans les airs !
. . . .
. . . .
Ah ! laissez votre voix bannir de cette terre
La guerre, le remords, le deuil, le mal caché,
Sonnez, cloches, sonnez, appelez la lumière,
Proclamez le salut, retenez le péché !

V.

WŒRTH

Une girouette à sentences. — Décors et acteurs divers. — Barbier et médecin. — Un grand bailli. — Un grand poète.

On a découvert, il y a un certain nombre d'années, dans la boule de cuivre surmontant la girouette de l'ancien château de Wœrth, un manuscrit en langue allemande, portant la date de 1758, et qui était resté plus d'un siècle enfermé dans cette étrange cachette. Ce document original contient des aphorismes dignes du roi Salomon, dus à la plume d'un anonyme. Voici ce qu'on y lit entre autres :

« Le monde est un théâtre ; aujourd'hui nous sommes là présents ; — dans cent ans ou davantage ce sera absolument comme si nous n'avions jamais existé !.. »

Profonde philosophie ! Quelque mélancolie peut s'emparer de vous, il est vrai, lorsqu'on étudie le passé en général et l'histoire de notre pays en particulier ; mais on ne saurait souscrire à de semblables assertions quand on envisage l'œuvre des siècles autrement qu'à un point de vue égoïste et personnel, quand on cherche à en dégager toujours une leçon morale, et à saisir dans la chaîne des événements une pensée directrice, une unité, un but final. Alors le moindre détail a son utilité, et l'individualité la plus ignorée, la plus effacée joue son rôle dans l'ensemble, comme l'humble pierre qui ne saurait se désagréger sans compromettre toute la bâtisse.

Le sceptique constructeur de la girouette de Wœrth se trompait donc en pensant qu'après cent ans son passage ici-bas serait resté absolument sans trace. Peu importe que les noms s'oublient ou soient conservés à la postérité ! L'essentiel c'est d'avoir, d'une manière ou d'une autre, travaillé pour son pays, pour ses contemporains, pour le bien général de l'humanité. Alors il n'est nullement indifférent qu'on ait ou non vécu sur la terre.

Mais où nous ne contredirons pas l'auteur de la sentence en question, c'est quand il voit dans le monde un vaste théâtre, dont la scène et les acteurs changent sans cesse.

Et à quelle autre localité s'adapterait mieux cette comparaison qu'à une petite cité où toutes les époques décisives de l'histoire ont laissé leur empreinte, et qui a servi de lieu de séjour à maint personnage célèbre ?

* * *

Voici d'abord les temps gallo-romains, qui nous sont rappelés par un autel ornant l'une des places de Wœrth et qu'on a déterré en 1577, en creusant des fondations. Il représente les figures sculptées de Mercure, Hercule, Minerve et Junon, et nous prouve qu'une colonie romaine importante s'était établie là, grâce à une situation très favorable sur une île formée par la Sauer et le ruisseau de Soultzbach.

Un second tableau nous montre, au moyen âge, une petite place forte, défendue par un château, des tours, des murs épais, des fossés, et dépendant des landgraves d'Alsace ou Etichonides, qui vendent le pays à leurs parents, les seigneurs de *Lichtenberg*. Il constitue alors le Ban de Biberach, et *Biberdorf* ou *Werd*, *Werden* (île), est le nom donné à la petite ville dans les vieilles chartes, où elle figure pour la première fois en 1132.

Wœrth partage dès lors les destinées de cette maison princière, dont plusieurs membres illustrèrent le siège épiscopal de Strasbourg et dotèrent notre Alsace de sa cathédrale.

A la mort de *Jacques de Lichtenberg*, le chiromancien, ses deux nièces et héritières épousèrent l'une le comte *Philippe de Hanau*, l'autre le comte *Simon de Deux-Ponts*.

Ce fut à ce dernier que Wœrth échut en partage, pour revenir plus tard aux Hanau, qui y introduisirent la Réforme et y développèrent une réelle prospérité. A l'extinction de la ligne mâle des comtes de Hanau-Lichtenberg, Wœrth passa par mariage au landgrave de Hesse, sous la suzeraineté de Louis XIV, et ne fut rattaché directement à la France qu'en 1801, par Napoléon.

La période la plus florissante, la plus intéressante aussi de l'histoire de Wœrth est celle qui s'écoule entre la Réforme et la guerre de Trente-Ans (1570-1632).

Transportons-nous dans ce château dont il reste encore des parties, et, entre autres, une tour curieuse à visiter. On y domine toute la contrée environnante, cette belle et large vallée de la

Sauer, avec ses vignes, ses champs, ses forêts, ses collines couronnées de momuments commémoratifs des événements de 1870.

Ces vieux murs profonds, ces niches de fenêtres formant à elles seules des chambres ne sont plus de notre temps et contrastent avec nos cloisons minces, nos châteaux de cartes qu'on a peur de voir s'écrouler. Nous avons savouré, dans ce vénérable logis, la jouissance des retours vers le passé, agrémentée par la facilité et l'aménité des relations modernes. C'est avec plaisir que nous évoquons l'image des habitants actuels, et l'associons à celle des générations disparues.

Une grande partie de l'antique demeure seigneuriale fut détruite en 1668 par un incendie. Bien que les seigneurs du pays habitassent en général leur résidence de Bouxwiller et ne fissent à Wœrth que des séjours limités, la princesse *Dorothée-Diane* s'y était fixée à la mort de son mari, le comte *Philippe-Wolfgang de Hanau-Lichtenberg*, dont les misères de la guerre de Trente Ans brisèrent le cœur et amenèrent la fin prématurée.

Le feu se déclara tout à côté des appartements de la noble dame, qui fut obligée de s'enfuir pieds nus. Son nom figure souvent dans les registres paroissiaux de Wœrth. Nous la voyons remplissant à diverses reprises les fonctions de marraine, et cela même une fois avec un cuisinier pour compère, tandis que le comte son époux tient un enfant sur les fonts baptismaux aux côtés de sa laveuse !... Et qu'on nous parle encore des préjugés aristocratiques d'autrefois !

Tout un monde se groupait autour de la résidence seigneuriale et de la Monnaie. Les précieux livres d'église qui nous ont été conservés intacts font revivre ces temps-là d'une façon vivante et originale. Nous y trouvons les personnages les plus huppés, les princes et leur maison, les familles des baillis *Bernard Hertzog* et *Cornélius Schmidt*, celle du grand-maître monnayeur *Kollormann*, et toute une série d'employés de divers degrés, depuis les receveurs, greffiers, prévôts, secrétaires, jusqu'aux boulangers, vitriers, jardiniers et porchers, etc.

Puis ce sont des noms français de réfugiés huguenots, et les familles des pasteurs qui se succédèrent à Wœrth, entre autres, *Thomas Coulsamer*, sa digne épouse *Thabita* et sa belle-sœur *Barbara*. D'autres papiers retrouvés à Morsbronn nous initient à la mystérieuse histoire d'une certaine cassette volée subrepticement, où se trouvaient renfermées les économies de l'intéressant trio, et qui fit grincer beaucoup de plumes sur le papier et couler pas mal d'encre...

Un successeur de Thomas Coulsamer a la douleur de voir mourir sa femme pendant une fuite des habitants de Wœrth au château de Schœneck, un autre est venu résider en Alsace pour échapper aux persécutions religieuses en Autriche, un troisième se plaint de ce que les enfants de son prédécesseur se soient permis de maculer les feuillets du registre, et les recopie. En un mot, çà et là se mêle à l'inscription plus ou moins sèche et rigoureuse des noms une note personnelle, un détail piquant, une remarque caractéristique et, parfois même, un beau cri d'indignation.

* * *

Parmi les personnages dont le nom revient fréquemment et qui semblent avoir joué un certain rôle, il ne faut pas omettre le barbier. On sait qu'à cette époque (nous en demandons pardon à la Faculté) ces Figaros remplissaient aussi les fonctions de médecin et de chirurgien, à la façon du type créé par Beaumarchais et popularisé par Rossini :

> Ordonne-t-on que l'on vous saigne,
> Je puis vous opérer aussi !

La science médicale n'était guère alors que de l'empirisme et se bornait à appliquer des remèdes de bonne femme.

Parmi les drogues en vogue dans ce temps-là figurent des denrées très curieuses à énumérer, telles que de la poudre d'ivoire, du crâne humain, des yeux d'écrevisses, du foie de loup, de la momie égyptienne, de la graisse de marmote, de chien, de blaireau, de serpent, d'ours, et jusqu'à des morceaux de crocodile !...

Mais, ni la graisse de blaireau, ni le foie de loup du barbier ne durent être d'un grand secours pendant les terribles épidémies qui ravagèrent Wœrth et décimèrent sa population, réduite après la guerre de Trente Ans à 96 habitants et 10 veuves !

A ce représentant naïf d'une science médicale encore dans l'enfance, nous voudrions opposer un autre disciple d'Esculape, venu deux siècles et demi plus tard et qui nous permettra de lui consacrer ici un souvenir ému et reconnaissant. L'excellent Dr Sadoul, digne successeur de son père, exerce depuis de longues années ses délicates fonctions avec un désintéressement et un dévouement infatigables, assaisonnés de cette verve humoristique qui contribue si bien à relever le moral des patients.

Belle vocation que celle du médecin, quand, à travers les palpitations de la fièvre et sous les vibrations de l'auscultation, il sait discerner les mouvements de l'âme, voir dans ses malades autre chose que des *sujets* anatomiques, et dire avec Ambroise Paré : « *Je le pansai, Dieu le guarit !* »

* * *

Arrêtons-nous maintenant à la physionomie très sympathique du bailli *Bernard Hertzog*, auteur de la célèbre *Chronique d'Alsace* [1], dont l'autorité historique peut être contestable parfois, mais qui est pour le curieux et l'amateur d'alsatiques un fonds inépuisable dans lequel on ne se lasse pas de puiser.

Ah ! ces vénérables livres tout imprégnés d'un parfum de vétusté, quelle sensation exquise on éprouve à les palper, à les manier, et surtout à les parcourir, à les compiler ! Ils n'ont pas le cachet banal de nos pâles œuvres modernes, multipliées à l'infini et mises à la portée de toutes les bourses.

[1] *Chronicon Alsatiæ* (Edelsæsser Chronik) parue en 1592, chez l'imprimeur *Jobin*, à Strasbourg, et dont il n'existe plus que de rares et précieux exemplaires.

On n'était pas alors, comme maintenant, avide de publicité, prodigue de détails personnels, et, cependant, que l'individualité de l'auteur ressort avec dignité de ces pages scrupuleusement alignées et représentant le travail de toute une vie!

Le bailli, dans la préface de son livre, se révèle à nous comme une âme droite et religieuse, ayant des vues élevées sur les gens et sur les choses, et fidèle dans ses affections, ainsi que le prouve la dédicace de son œuvre à son « ami de cœur et d'études » *Steyernagel*.

Les registres paroissiaux, comme les autres papiers du temps, nous montrent en Hertzog un magistrat intègre, dévoué, respecté par ses subordonnés, apprécié par les princes ses maîtres. Nous voyons en lui un chef de maison exerçant largement la charité et l'hospitalité, surtout envers de malheureux coreligionnaires persécutés, tels que des huguenots échappés à la Saint-Barthélemy, ou des protestants expulsés de Carinthie pour cause de religion. Mais nous aimons surtout à retrouver en lui le type du père de famille patriarcal.

Il avait épousé une Breitenacker de Wissembourg, dont il eut cinq enfants. L'aîné de ses fils, *Henri-Bernard*, entra comme lui dans les affaires de chancellerie; le second, *Wolf-*

gang, mourut en Normandie, où il avait suivi un seigneur de Donmartin. La plus jeune des filles, *Marie,* nous est peu connue, mais nous nous intéresserons d'autant plus à l'aînée, *Elisabeth,* dont nous reparlerons plus loin, et à la seconde, *Catherine,* morte de consomption à l'âge de 13 ans. Nous avons pu retrouver dans les registres son extrait mortuaire et découvert sa pierre funéraire au milieu d'une rangée de vieux monuments adossés au mur du cimetière de Wœrth.

Nous aimons ces champs du repos, où l'on peut si bien songer et prier, et qui vous fournissent tant de sujets d'études et d'observations. Ce n'est jamais sans profit qu'on en parcourt les allées solitaires et se penche sur les croix oubliées, tout comme sur les mausolées plus pompeux, en comparant les devises et les inscriptions souvent si caractéristiques. Et si c'est toujours avec un sentiment de piété et d'intérêt qu'on lit les noms d'inconnus qui étaient nos contemporains il y a peu de temps, combien l'on éprouve plus d'émotion encore lorsqu'il s'agit de monuments séculaires ! On cherche à en déchiffrer toutes les lettres envahies par les mousses, rongées par la dent des siècles, et, retenant presque son souffle, on arrive, à force de persévérance, à reconstituer peu à peu ces inscriptions à demi effacées et pourtant si parlantes encore !

La pierre funéraire de la fille de Bernard Hertzog, à l'inverse des tombes voisines, surchargées d'armoiries et de lettres, ne porte qu'un nom et une date :

CATHARINA HERTZOG
LÆTARE, 1576.
Æta. XIII.

Mais entre ces quatre mots et ces chiffres il y a toute une jeune existence heureuse coupée dans sa fleur, les larmes d'une mère, la douleur d'un père tendre, mais aussi une pensée de foi et de résurrection, exprimée par ce seul petit mot : *Lætare*.

En rendant, juste à ce moment de l'année, une dépouille chérie à la terre, les parents en deuil se sont certainement souvenus de la parole d'espérance que leur apportait la leçon de l'Écriture sainte qui a fait donner ce beau nom de *Lætare* au quatrième dimanche de la Passion : « Réjouissez-vous avec Jérusalem, et soyez dans l'allégresse, vous qui l'aimez et qui avez mené deuil sur elle. » (Ésaïe, LXVI, 10.)

* * *

La fille ainée de Bernard Hertzog fut appelée à de tout autres destinées, et distinguée par l'un des plus éminents parmi les hôtes de son père. Le grand satirique, le Rabelais alsacien, *Jean Fischart,* après une jeunesse agitée et beaucoup de pérégrinations en Allemagne, en Italie, en France, en Angleterre, en Hollande, était venu chercher dans la petite ville de Wœrth le bonheur domestique. Il doit l'avoir trouvé dans les doux yeux rêveurs de la jeune fille à laquelle il offrit de partager son sort, et qu'il épousa en 1583[1]. Mais il ne put goûter bien longtemps la félicité de cette vie à deux, dont il a parlé dans de beaux vers :

> Darum ich mir
> Meins gleichen ein' erwählet,
> Sie ist die Blum und Zier
> Und nur nach ihr
> Muss sein mein Herz bestellt
> Von nun an für und für. —
> Sie ist der Klang
> Nach dem ich gang;

[1] Voici cet acte de mariage : « 1583, Doctor Johann Fischart genennt Mentzer, und Anna Elisabetha, Herrn Bernards Herzog's Tochter, hielten Hochzeit üf Martiny.

> Sie ist das Gesang
> Nach dem ich hang,
> Sie ist die Lieb
> In der ich leb
> Sie ist mein Ruh und Frieden,
> In der ich ruh auf Erd'. —
> O Gott, gib du einen jeden
> Dass ihm sein Eva werd !

Huit ou neuf ans plus tard le poète avait fermé les yeux, et sa jeune veuve convolait déjà en secondes noces. Nous avons quelque peine à comprendre une aussi brusque détermination de la part d'une femme ainsi aimée et chantée, car ce n'est pas seulement dans la strophe citée plus haut que Fischart exprime son amour, il parle encore ailleurs en termes admirables de la sainteté du mariage, et, peu de temps avant sa mort, il publia un *Ehezuchtbüchlein*, prouvant combien il plaçait haut la vie conjugale.

Il est de coutume, il est vrai, de refuser aux poètes et aux grands hommes les vertus domestiques. Était-ce le cas pour notre auteur ? On peut admettre que, bien que revenu de sa vie d'aventures, et établi dans la charge respectable de bailli à Forbach, il resta un de ces esprits inquiets auxquels les limites du foyer ne sauraient suffire.

La date de sa mort est indécise ; nous croyons

pouvoir la placer en 1590. En général, on ne posséda longtemps sur cet écrivain que des données fort incomplètes, et c'est grâce à M. E. Müntz et à la publication faite par lui dans la *Revue d'Alsace* des documents tirés des archives de Wœrth, qu'un peu de clarté s'est faite et que notre pays a appris quels droits il avait sur le grand satirique allemand. Nous avons quelque lieu même de le croire notre compatriote, car, bien qu'il ait fréquenté dans son enfance l'école de Worms et s'appelle citoyen de Mayence (*Mentzler*), il s'était fait immatriculer à l'université de Bâle sous le nom de *Johannes Piscator* (1) *Argentinensis*.

De ses nombreux lieux de séjour, c'est à Bâle qu'il donne la préférence :

O Basel, du holdselig Statt,
Du müsst gewiss sehr freundlich sein,
Weil durch dich freundlich rinnt der Rein !

Voici ce qu'il dit des Français : « Ils sont de nature gais, agréables, gracieux, mais, pour tout dire, légers ; aussi dansent-ils avec un seul pied là où il en faut à d'autres deux, tirent en volant et, avant que d'autres se lèvent, sont déjà recou-

---

(1) Traduction du nom de Fischart. On avait alors la manie de latiniser les noms.

chés depuis une demi-heure ; ils sautent davantage pour un denier qu'un Allemand pour un thaler. »

Génie vaste et compréhensif, Fischart goûtait beaucoup les arts et fut lié avec *Holbein* et l'auteur de la *Danse macabre, Hans Hug Klauber*. Chez *Basile Amerbach*, il eut l'occasion de cultiver la musique. Nous sommes étonnés de l'étendue de ses connaissances. Nul homme de son temps n'a vu, étudié, compris autant de choses ; sa langue, qui se ressent de la grossièreté d'expression contemporaine, est d'une richesse incomparable. Mais c'est sa verve et son esprit surtout qui le distinguent. Il les exerça principalement contre des moines et contre un certain capucin d'Ingolstadt. On trouve rarement une telle chaleur de cœur et une telle vivacité de sentiments unies à tant d'ironie. L'hypocrisie lui est odieuse et il la flagelle partout où il la rencontre.

Ses œuvres sont très nombreuses et beaucoup d'entre elles, les plus piquantes peut-être, à en juger par leurs titres [1] sont perdues. Parmi

---

[1] *La soupe de cour. Proposition pour l'élargissement de l'enfer. De quelques îles nouvelles trouvées dans les airs. Anatomie d'un Knackwurst.*

celles qui restent, citons comme les plus importantes son *Gargantua*, imité de Rabelais, mais, comme il le dit, « visé sur le méridien allemand », son *Bienenkorb*, emprunté à l'*Apiarum* de Marnix de Sainte-Aldegonde, et sa *Chasse aux puces*, que les contemporains se disputaient :

> Weil jedermann dis Buch will han
> Und man es nicht genug kan trucken (drucken)
> . . . .
> Und hat so viel Autoritæt
> Dass es gleich bym Katchismo steht.

La mieux connue et la plus parfaite des compositions de Fischart restera toujours le *Glückhafte Schiff*, destiné à rappeler de siècle en siècle à nos descendants la vieille amitié qui nous unit à nos voisins suisses.

Ils en donnèrent en l'an de grâce 1575 une preuve bien touchante, en amenant toute chaude encore à Strasbourg la bouillie de mil destinée à symboliser la promptitude des secours qu'ils étaient en mesure de nous porter, et ne furent pas moins empressés, trois cents ans plus tard, à délivrer les malheureux Strasbourgeois enfermés dans la ville assiégée et bombardée.

Honneur donc au poète Fischart d'avoir chanté la Suisse et ses généreux et pacifiques habitants ! Il n'était que juste de lui élever un monument dans notre Alsace ; celui qui embellit la place de Zurich à Strasbourg devrait avoir son double à Wœrth, et réjouirait davantage nos regards que les nombreux trophées guerriers, mausolées et colonnes dont cette ville et les environs sont semés.

VI.

LES ENVIRONS DE WŒRTH.

Frœschwiller et le champ de bataille. — Langensoultzbach et Mattstall. — Gœrsdorf et le Liebfrauenberg. — Un peintre alsacien.

Il n'est pas possible que nous remontions le cours de la Sauer, sans faire encore quelques détours et sans visiter des localités trop connues pour être passées sous silence.

En sortant de la petite ville de Wœrth, nous longeons le monument bavarois et le jardin où reposent 600 victimes de la guerre de 1870 ; puis, la route monte à travers des vignes, et nous

nous trouvons en présence du monument français, sorte de petit temple de forme un peu massive, destiné à servir d'ossuaire.

A mesure qu'on s'élève, on jouit d'une vue plus belle et plus étendue : Wœrth est à nos pieds, et, vis-à-vis de nous, de l'autre côté de la vallée, nous voyons le *Liebfrauenberg* et, plus en avant, la colline de *Gunstett*, d'où le prince royal Frédéric suivait les péripéties de la bataille, et sur laquelle on lui élèvera prochainement un monument.

Plus loin, à gauche, sont les collines boisées des environs de Lembach, que domine la *Wegelnbourg*.

Encore quelques pas sur la route poudreuse, où darde le soleil de midi, malgré l'ombrage de beaux noyers.

Nous sommes en haut. Laissons de côté le chemin qui mène à *Elsasshausen*, au *Noyer de Mac-Mahon* et au monument allemand, haute colonne surmontée d'une aigle déployée, et entourée de victoires en bronze.

Ici, nous avons quitté le *Hanauerland* et nous trouvons dans l'ancienne seigneurie de *Schœneck*, dont les *comtes de Dürckheim* furent les derniers possesseurs.

Voici Frœschwiller. Quel joli village! Les nombreux arbres fruitiers qui l'entourent lui donnent l'aspect le plus riant. Ce site a été prédestiné de tous temps, semble-t-il, aux grandes batailles, puisqu'en 1793 déjà les troupes françaises et autrichiennes s'y rencontraient et que le général Hoche y remportait une brillante victoire. Aussi peut-on appliquer à toute cette contrée ce que Béranger dit des pays-frontières, où

> Aucun épi n'est pur de sang humain.

Dès l'entrée du village, d'origine ancienne comme les localités voisines, un petit édifice gothique nous frappe par la grâce de ses proportions. C'est le temple protestant rebâti après la guerre de 1870. Bien que ce soit un vrai bijou d'architecture, nous ne saurions nous empêcher de regretter l'ancienne église, détruite pendant la bataille du 6 août, celle où reposaient tant d'ancêtres d'une noble famille, et où le comte *Cuno* avait introduit la Réforme dès 1545.

Tout à côté, le château des comtes de Dürckheim, une imposante demeure seigneuriale, entourée d'un parc bien vert, se confondant presque avec la forêt.

C'est là qu'une mère angoissée, obligée ce même 6 août de se réfugier dans les caves, sous le tonnerre des canons et des mitrailleuses, crut entendre résonner à ses oreilles un son de voix chéri et retentir l'appel de « Maman, maman ! »

N'écoutant que son cœur maternel, elle veut s'élancer au dehors, rejoindre le cher absent... Plusieurs mains la retiennent... il faut céder.

C'était le dernier adieu d'un jeune héros qui venait d'emporter dans ses bras et de mettre en lieu sûr le corps de son colonel, tombé dans le feu du combat. Ramené si près du *home* par les fluctuations de la bataille, il avait voulu embrasser sa mère... Entraîné dans la retraite de Mac-Mahon, le jeune officier s'éloigne sans avoir revu les siens, combat encore à Sedan et meurt décoré de la croix des braves.

L'un de ses frères sert dans l'armée autrichienne, l'autre est le propriétaire actuel du château.

Leur père, le comte *Ferdinand Eckbrecht de Dürckheim-Montmartin*, est mort le 29 juin 1891 à Edla en Autriche, et ses cendres ont été ramenées à Frœschwiller. Il repose près du général *Maire* et de tant d'autres victimes de la néfaste journée.

Descendant d'une famille illustre, dont la généalogie remonte aux Croisades, le noble comte servit la France en qualité de sous-préfet[1] et d'inspecteur des télégraphes. On a pu lui reprocher la versatilité de ses opinions politiques, mais ceux qui l'ont connu de près gardent de lui le souvenir d'une belle âme. C'était un parfait gentilhomme, aussi affable et serviable envers les plus humbles que lettré et enthousiaste pour toutes les choses élevées, toutes les saintes causes. On était sous le charme de sa conversation nourrie et pittoresque, semée de détails personnels, d'anecdotes et de souvenirs politiques.

Le pays entier regrette ce vieillard sympathique, et il nous semble le voir encore arriver sur son léger coursier, en descendre avec l'agilité d'un jeune homme et nous faire la lecture de ses essais poétiques.

Il a laissé un volume de vers intitulé : *Poetische Versuche in zwei Sprachen*, une biographie de la *Lilli* de Gœthe, sa parente, et des *Mémoires* de sa vie fort intéressants, sans compter bon nombre de pièces inédites, pleines de sève et de mouvement.

Frœschwiller a inspiré d'autres plumes encore. Rappelons les œuvres si distinguées de *M.*

---

[1] Il avait été préfet à Colmar, mais fut destitué à l'occasion d'une visite de Louis-Napoléon, parce qu'il ne s'était pas trouvé à la gare pour le saluer.

Max Reichard, qui y fut pasteur pendant quelques années, et celles de son successeur, M. Charles Klein, auteur d'une *Chronique* [1], très répandue, et de différents récits populaires abondants en fines observations. Le pasteur actuel, M. F. Horning, s'est borné à une monographie du champ de bataille, voulant rester fidèle à la devise trop oubliée, hélas! par ceux qui écrivent... et par d'autres : *Si tacuisses, philosophus mansisses* [2].

Empruntons à l'ouvrage de M. Klein ces quelques passages saisissants, ayant rapport au 6 août 1870 :

« Nous regardons... notre cœur est près de se briser... partout la terreur, l'incendie, la destruction, et là, devant nos yeux, dans la fière splendeur du succès, le vainqueur étranger, et, dans un enthousiasme illimité, les cohortes ennemies défilant... O guerre, que tes suites sont douloureuses et fécondes en larmes !... Maintenant les accents de fête s'éloignent et descendent vers la vallée, mais ce n'est pas fini. Une autre colonne s'approche. Les voilà qui reviennent comme prisonniers, par centaines, par milliers, appartenant à toutes les armes, nos pauvres sol-

[1] *Kriegs- und Friedensbilder aus dem Jahre 1870*, von Pfarrer Klein. Beck, Nœrdlingen.
[2] Si tu t'étais tu, tu serais resté philosophe.

dats battus, si joyeux, si sûrs du succès il y a quelques jours !

« Ils sont là, désarmés, accablés, les uniformes déchirés, couverts de poussière, on dirait des condamnés allant au supplice ; les troupes allemandes les entourent, les serrent de près, les abreuvent de mépris Est-ce bien possible ? Quoi ! tous ces canons, ces mitrailleuses, ces voitures, ce butin en masse !!!... Et des bataillons entiers prisonniers !... Ah ! quelle défaite !... Fatigués jusqu'à mourir, torturés par le désespoir et la colère, il leur faut encore entendre tonner autour d'eux les « *Vorwœrts!* » et les « *Victoria!* ». De toutes les lèvres pleut sur eux la malédiction. Et ils ne peuvent, ils ne doivent pas bouger ! Voyez ce cavalier allemand brandissant son sabre contre cet officier français, et lui arrachant son épée du fourreau. Des larmes de douleur et de honte coulent sur les joues du malheureux prisonnier. Et là, ce turco haletant, ne pouvant plus se traîner, et les coups de crosse de tomber sans relâche sur son dos ! Injures et sévices accompagnent encore les malheureux dans la captivité... Avoir vu cela, c'est ne plus l'oublier... Oui, oui, c'est un cortège de larmes ! Et nous pleurons aussi. Plusieurs de ces malheureux envoient encore, à travers leurs regards voilés, un adieu vers nos fenêtres, et nous n'avons à leur donner que nos soupirs et notre pitié.

« Plus loin c'est un blessé qui gémit sur un brancard. On veut le transporter de l'autre côté de la route, où les médecins charcutent tous ces pauvres corps mutilés. Mais on ne peut passer. Un tel cortège triomphal ne saurait être coupé un seul instant pour le soulagement d'un mourant. Il lui faut voir tout cela..... et rendre l'âme !

« Il meurt, en effet, et son dernier hurlement d'agonie résonne au milieu des fanfares victorieuses.....

« Voilà ce qu'est la guerre, non pas la guerre telle que la rêve une fantaisie maladive, mais la guerre sous sa forme véridique et dans toute son atrocité. »

Mais les vaincus ont battu en retraite et les vainqueurs ont passé outre. C'est à nos pauvres paysans qu'incombe le soin de mettre en terre tous ces cadavres. L'horreur du tableau excède toute description.

Citons cependant encore ces détails sur le champ de bataille donnés par un autre témoin oculaire [1], un paysan de *Lembach*, grand vil-

[1] 1870. *Kriegs-Erinnerungen eines Elsässers*, von G. MULLER, (Buchhandlung Ackermann, Weissenburg, 1894.) Cet ouvrage, nouvellement paru, a

lage au delà de Wœrth, que nous traverserons tantôt, en nous rendant vers les châteaux du haut de la vallée de la Sauer :

« Derrière les arbres, dans les fossés, le long des haies, les cadavres sanglants sont amoncelés. Des blessés se trouvent encore dans le nombre et crient à vous fendre le cœur, quand on les transporte un peu plus loin, afin de ménager une place libre pour les fosses communes. Près d'eux sont des armes qu'ils ont brisées dans la douleur du désespoir. Partout un désordre sans pareil. Pistolets d'arçon, sabres, chassepots, manteaux, couvertures, havresacs, ustensiles de cuisine, tout est là pêle-mêle. D'un autre côté ce sont des voitures renversées, des caissons brisés, des chevaux morts, à travers lesquels sont couchés les cadavres. Les uns ont les yeux fermés, les autres les ont gardés fixes et tout grands ouverts. Ceux-ci ont la figure contre le sol, les autres sont étendus sur le dos. Il en est qui sont plus ou moins horriblement défigurés, selon la place où ils ont été frappés. Ceux-ci ont dû mourir du coup, ceux-là endurer pendant de longues heures les plus affreux tourments. Voilà

beaucoup de couleur locale, mais l'auteur eût mieux fait de se borner à énumérer les événements, sans commentaires.

un malheureux qui, dans sa peine, a creusé le sol et arraché les buissons voisins. Un autre, à force de souffrir, s'est déchiré les habits par lambeaux et s'est rué dans la terre détrempée au point de ne plus être reconnaissable ! Et les mutilations ! Les plus hideuses sont celles produites par l'artillerie. A l'un a été enlevé une jambe, à l'autre la tête, au troisième le tronc... Un frisson d'horreur vous prend dans ces lieux funèbres. »

*
* *

Éloignons-nous de ces navrants souvenirs ! Mais le champ de bataille est si vaste que, longtemps encore, nous trouverons des vestiges funèbres, des tombes jetées au hasard à droite ou à gauche, soit que nous descendions vers Reichshofen et le Jægerthal, soit que nous nous dirigions sur Nehwiller et *Langensoultzbach*.

Ce dernier village est un vrai nid de verdure, un grand jardin, ou, pour parler plus exactement, un grand verger duquel émergent un clocher et des toits gris et rouges. Il réunit à la fertilité de la plaine tous les charmes de la montagne.

Perdons-nous dans ces forêts de hêtres et de chênes si fraîches, si recueillies, où les chants d'oiseaux se répondent, où s'épanouissent les pyrolas nacrées et où l'on cueille vers l'automne les chanterelles, ces excellents champignons appelés *Gelschwamm* dans le pays.

Ici, au moins, l'histoire et ses tristesses ne nous poursuivront plus. Cependant, dans notre Alsace, chaque motte de terre a, semble-t-il, quelque chose à nous dire des anciens temps, et il n'est si petit village qui ne compte tout un long passé.

Langensoultzbach faisait, comme Frœschwiller, partie de la seigneurie de Schœneck. Les comtes de Dürckheim y possédaient aussi un château, aujourd'hui disparu, et dont le *Herrengarten* est le dernier vestige.

L'existence de la localité remonte cependant beaucoup plus loin encore. En effet, lorsqu'en 1847 on reconstruisit l'église, on retrouva, de même qu'à Wœrth, des figures mythologiques sculptées, qui ont été encastrées dans le mur d'enceinte, et un autel romain, qu'on voit encore au jardin du presbytère.

Près de cet autel romain fleurissent et s'effeuillent les magnifiques roses des espèces les plus rares, greffées par le pasteur actuel, M. Wohlwerth. N'est-ce pas ainsi que notre siècle, tout positif qu'il est, répand des fleurs sur le passé, en cherchant à en relever pieusement les moindres détails ?

Les roses passent... et les pierres restent. Ce

qui reste aussi, ce sont les souvenirs et l'amitié fidèle, qu'on aime tant à cultiver dans tous ces paisibles presbytères de campagne alsaciens, où s'exerce une si large et si cordiale hospitalité.

L'annexe de Soultzbach, *Mattstall*, nous introduit encore plus avant dans les forêts et dans la montagne. C'est là qu'existait autrefois une importante verrerie, dont l'emplacement porte encore le nom de *Glashütte* ; le coquet château de chasse de la famille de *Bussière* et de *Pourtalès* s'y élève aujourd'hui, jetant sa note gaie au milieu des bois touffus.

* * *

Revenons vers la vallée de la Sauer, et montons de là à *Gœrsdorf* et au *Liebfrauenberg*.

Gœrsdorf, connu dès l'année 693, sous le nom de *villa Gerleches* ou *Gerlagesvillare*, était une petite ville fortifiée, qui reçut en 1348 de l'empereur *Charles IV* les mêmes privilèges que Haguenau et Rosheim. Son nom figure maintes fois dans les donations faites par des personnages princiers à l'abbaye de Wissembourg. L'église, bâtie en 1339, offre encore de beaux vestiges d'architecture gothique, des fresques récemment retrouvées et de nombreuses pierres tombales.

En traversant ces rues montantes étroites, en côtoyant ces maisons serrées les unes contre les autres, on est puissamment reporté vers le passé, vers le temps de la chevalerie et vers l'époque où de pieux pèlerins allaient se prosterner en masse devant la Notre-Dame-du-Chêne, à laquelle le Liebfrauenberg doit sa réputation.

A travers des châtaigniers, des carrières abandonnées, nous nous élevons jusqu'au haut de la colline. De l'église, fondée là en 1383, détruite en 1580 par les comtes de Hanau, qui en employèrent les pierres à reconstruire le temple de Morsbronn, il ne reste qu'une tour et un fragment de chœur, où se voient des sépultures modernes et un laboratoire de chimie. En 1717 on rebâtit l'église, réorganisa le pèlerinage et érigea un couvent de Franciscains, dont le bâtiment sert de résidence d'été aux familles *Lebel* et *Boussingault*, qui portent des noms illustres dans les annales de l'industrie et de la science.

Un magnifique cèdre du Liban orne la propriété ; il est, dit la tradition, frère de celui que possède la famille Merlin à Bruyère, et de son pendant au Bois de Boulogne. Tous trois furent rapportés ensemble de Palestine par un botaniste.

Quelle vue admirable s'offre à nous du haut de la vieille tour, où des légions de coccinelles viennent, à l'automne, se réfugier dans les fenêtres profondes et profiter des derniers rayons de soleil !

Nous embrassons du regard toute la plaine du Rhin de Wissembourg à Bâle, et surtout cette partie située entre le ruisseau de Seltz et Schlestadt, qui formait l'ancienne province romaine appelée *Maxima Sequanorum*. Quel grand passé incorporé pour ainsi dire dans tous ces villages et petites villes, ces forêts, ces tours, ces abbayes et ces champs de bataille ! Et quelle nature riche et fertile, soit que l'œil se repose sur les colzas fleuris mettant des tons si vifs dans l'ensemble, sur les touffes blanches des cerisiers et des pruniers, sur les blés verts moirés par le vent printanier, ou sur les charmantes ondulations des collines de la vallée de la Sauer et des environs de Niederbronn.

. * .

Si nous nous tournons un peu à gauche, nous apercevons le clocher de *Preuschdorf*, un grand et beau village agricole, qui possédait aussi autrefois une église romane datant de 1079, et où l'on découvrit, de même qu'à Wœrth et à Soultzbach, des bas-reliefs représentant Vénus et Mercure. Mais ce qui nous arrête, outre des souvenirs d'amitié toujours vivants, c'est la trace qu'y a laissée une de nos gloires alsaciennes, le peintre *Théophile Schuler*. Il venait y passer ses vacances auprès du pasteur, son frère. Nous avons rencontré souvent l'aimable artiste, le crayon à la main, cherchant à fixer sur le papier tel type original de maison de paysan, tel moulin de *Mitschdorf* à la construction bizarre et antique.

L'aimait-il, notre bonne vieille Alsace, où rien n'est banal, où tout a tant de cachet, de caractère et de saveur ! C'était plaisir de parler avec lui du pays et de ses trésors historiques.

Tout le monde connaît les nombreux ouvrages qu'il a illustrés, à commencer par ceux d'*Erckmann-Chatrian*. Quelles pages pleines de poésie il nous a laissées dans certains croquis du *Magasin pittoresque* et surtout dans ses *Schlitteurs des Vosges*, sans parler de tant de toiles où, sous un pinceau vivement coloré, rayonne l'attachement à la patrie alsacienne.

Le grand artiste est allé, lui aussi, rejoindre en 1878 ceux qui dorment en attendant le réveil éternel. Son œuvre est de celles qui ne périssent pas, car il y a mis l'amour du sol natal et son âme tout entière.

VII.

LES CHATEAUX
DE LA
VALLÉE DE LA SAUER

La Frœnsbourg.— Le Wasgenstein. — Steinbach et l'Arnsberg. — Le Fleckenstein. — La Hohenbourg. — La Wegelnbourg et Schœnau.

 partir de *Lembach,* la vallée de la Sauer, riante et pittoresque déjà, revêt un caractère absolument romantique.

La route est bordée non pas de ces cerisiers et de ces noyers qui rappellent un peu trop l'utilitarisme des pays fertiles, ni de ces sorbiers ou de ces platanes rabougris qu'on voit végéter ailleurs, sans grand bénéfice pour personne, mais bien du plus poétique et du plus décoratif de tous les arbres, le bouleau.

Nous avouons avoir pour lui une prédilection particulière, soit qu'il ne montre, pendant les frimas, que le réseau de son branchage léger et ses fûts blancs craquelés de noir, se détachant à peine d'un fond de neige, soit qu'aux premiers jours du printemps il se pare, comme d'autant de breloques, des petites chenilles de ses chatons, auxquelles succèdent bientôt des feuilles d'une transparence satinée, s'agitant au moindre souffle et semblant beaucoup plus envelopper l'arbre d'une dentelle que d'un manteau ; soit enfin qu'il jette, à l'automne, de vrais éblouissements par l'intensité de sa couleur d'or, et se montre un des moins pressés à se débarrasser de sa toison légère et à la secouer, du bout de de ses branches gracieusement inclinées, en blonde pluie sur le sol.

Si un bouleau isolé est déjà l'un des plus jolis ornements d'un jardin ou d'une forêt, qu'on se figure ce qu'il y a de charme à suivre une route qui en est bordée sur tout son parcours, surtout quand elle forme ses méandres capricieux entre des prés fleuris, aboutissant à des bois comparables à de vrais jardins anglais, tant les différentes essences forestières y sont mariées agréablement pour l'œil.

Cette route poétique marche de pair avec la rivière. Semblables à des enfants joueurs, tantôt elles s'éloignent l'une de l'autre, tantôt elles se rejoignent comme pour se communiquer quelque confidence, ou quelque impression de voyage.

Sur la surface de la Sauer, nous voyons flotter, semblables, vues de loin, à des nénuphars en miniature, les longues gerbes blanches des renoncules aquatiques, tandis que les iris jaunes au fin parfum, les clochettes rouges des consoudes et les ombelles des reines des prés en égaient les bords.

Ce chemin idéal doit conduire tout naturellement dans le pays de la légende ou du rêve, et, en effet, il fait passer l'un après l'autre sous nos yeux une succession de vieux châteaux ou de roches énormes, qu'on prendrait elles-mêmes pour des donjons abandonnés.

A la *Tannenbruck*, pont près duquel était établi un poste de douaniers français avant l'annexion, et qui est célèbre par une victoire de Hoche en 1793, nous quittons la vallée principale pour nous engager dans celle de Steinbach. Ce vallon a été appelé aussi *Katzenthal*, sans doute en souvenir d'une Monnaie où l'on frappait, dit la tradition, des pièces portant l'image d'un chat.

A notre droite s'élève la ruine de *Frunsberg, Freundsburg* ou *Frœnsburg*, que nous atteignons en peu de temps, et dont les vestiges sont fixés sur deux assises de roc, reliées par un pont qui permet d'en visiter tous les aspects.

La vue n'est pas très étendue, mais repose le regard par des lignes harmonieuses et un fond exquis de verts différents. Peut-être ce silence, cette solitude, ce quelque chose de rêveur qui enveloppe tout le paysage, vous fait-il plutôt songer à un poème d'amour qu'au géant posé, ainsi que le rapporte la légende, les pieds sur les deux cimes voisines, sa massue appuyée sur la Frœnsbourg. Il est vrai qu'une gracieuse jeune fille vient à lui sur un arc-en-ciel et le tient enchaîné par le charme de son regard. Nous voyons plutôt ici la jouvencelle souriante que le géant armé rébarbatif; mais ce dernier personnifie bien ce temps de la chevalerie, avec son côté sombre et grandiose, tandis que la belle jeune fille à l'arc-en-ciel est l'image de la poésie émanant de toutes ces anciennes choses et nous les faisant aimer.

Les souvenirs historiques du château n'ont rien de riant. Il existait déjà en 1268 et fut rendu tristement célèbre par les exploits de *Reinhardt de Sickingen*. Pris et incendié en 1359 par *Jean de Lichtenberg*, il passa plus tard aux *Fleckenstein*, pour être détruit définitivement en 1677.

* * *

Avant d'arriver à Steinbach, nous prenons un chemin à droite pour aller visiter une autre ruine, où nous retrouvons, comme dans toutes celles de la contrée, les fondements de rochers si admirablement utilisés par la féodalité pour rendre ces repaires de vautours vraiment inexpugnables.

Le *Wasgenstein* ou *Wasichenstein* se composait de deux parties et présente encore des détails d'architecture intéressants. Il nous souvient surtout d'une haute tour qu'on atteint par un escalier aux marches énormes, taillé dans le roc, fait vraiment pour des races de géants et qui nous casse les jarrets, à nous pygmées contemporains.

C'est que c'était une humanité aux proportions surnaturelles qui se mouvait dans ces lieux. Nous sommes ici en plein dans les *Nibelungen*, et le Wasgenstein est considéré comme ayant servi de théâtre aux exploits de *Walther d'A-*

quitaine [1]. Le vaillant chevalier met l'un après l'autre hors de combat tous les compagnons de *Gunther*, puis se mesure à ce dernier et à *Hagen* lui-même. Gunther perd la cuisse, Hagen l'œil et Walther la main, ce qui expliquerait peut-être la présence de dextres ensanglantées dans les armoiries de la famille de Wasgenstein. Lassés enfin de combattre, les trois preux étanchent le sang coulant de leurs blessures et se réconcilient en trempant à tour de rôle leurs lèvres dans la corne emplie d'un vin généreux. C'est le prélude aux fêtes du mariage de Walther et de *Hildegonde*, qui se célébreront à Langres.

Le château appartint aux Wasgenstein jusqu'à l'extinction de cette famille (1458) et passa alors aux Fleckenstein, qui le vendirent aux comtes de Hanau-Lichtenberg.

* * *

Le Wasgenstein n'est guère éloigné que d'une demi-lieue de *Steinbach*, joli village divisé en deux parties, *Ober-* et *Niedersteinbach*, qui appartinrent à des seigneuries différentes. Les

---

[1] *Waltharius*, poème latin du Xe siècle, attribué au moine Eckkehardt et mis en vers allemands par Scheffel.

Fleckenstein cédèrent leur part à la Bavière en 1815, mais Steinbach ne fut réuni à la France qu'en 1825.

Tout au-dessus du village se trouve la ruine du petit *Arnsberg*, posée au haut d'un rocher comme un véritable nid d'hirondelles. Nous nous contenterons d'en admirer la position hardie sans l'escalader, ayant encore en perspective l'ascension de plusieurs autres ruines.

C'est dans cette localité que naquit une beauté célèbre, la *Lise de Steinbach*, à laquelle *Hanemann de Lichtenberg* sacrifia sa noble épouse, *Jeanne de Linange*. Henri de Lichtenberg, fils de l'épouse outragée, et son oncle *Ernest V de Linange*, ayant pris les armes contre Hanemann, firent le siège du château de Lichtenberg, précipitèrent la courtisane par les fenêtres et forcèrent le coupable à expier son infidélité par une prison sévère.

* * *

La ruine la plus remarquable de la vallée de la Sauer et des environs, où on les compte par douzaines, est bien celle du *Fleckenstein*, qu'on ne se lasse jamais de revoir.

Allons-y aujourd'hui.

Le ciel est de ce bleu qui fait penser à l'A.

cension, les feuilles de ce vert qui donne envie de brouter, les hirondelles volent à des hauteurs inaccessibles pour les yeux myopes, et les aubépines jettent dans les haies des parfums capiteux.

Nous laissons notre carriole et notre cheval à *Hirschthal*, hameau situé déjà sur territoire bavarois. Le brave Georges, après avoir dételé et donné un picotin d'avoine à sa bête, est venu nous rejoindre, et comme il remplit aussi bien les fonctions de bonne d'enfants que celles d'Automédon, il a bientôt l'un des petits sur le bras et conduit l'autre par la main, sans compter le panier de provisions qu'il trouve encore moyen de tenir, et qui est l'élément indispensable de toute course de montagne.

Nous longeons la frontière, cueillant des polygalas aux jolis grelots violets ou pourpres. Déjà commencent à s'ouvrir les œillets des Chartreux et les ravissantes étoiles roses de la petite centaurée appelée *Tausendguldenkraut*, sans doute à cause de ses vertus pharmaceutiques, mais aussi parce qu'elle est une des plus jolies et des plus gracieuses entre ses compagnes.

Devant nous se dresse la lourde masse du château, présentant son front de roc surbâti et percé de meurtrières, semblant défier, aujourd'hui encore, les attaques de l'ennemi. Heureusement qu'il ne s'agit ici que d'un assaut de touristes enthousiastes.

Voici le portail d'entrée surmonté encore des armoiries des Fleckenstein, et nous nous trouvons dans une vaste cour dallée, entourée de hauts murs. Nous nous y installons pour dîner et faire cuire notre café entre deux pierres.

Oh ! ces frugals déjeuners de la montagne, quel festin les vaudrait et serait dégusté avec autant de plaisir, assaisonné de tant de gaies causeries et d'incidents aussi burlesques parfois !

Et puis, les belles histoires qu'on se raconte et que les enfants écoutent bouche béante, surtout quand l'oncle E., le grand charmeur, interprète à sa façon les vieilles légendes.

L'épisode le plus palpitant est toujours la « visite des casemates ». On entre, moitié riants, moitié tremblants, dans ces excavations longeant le château sur toute sa façade extérieure, assez étroites pour qu'un homme seul puisse y passer et si sombres qu'on n'avance qu'en tâtonnant pour ne pas trébucher contre des pierres. Georges alors est un guide incomparable, avec sa marmaille sur le dos ou sur les épaules et les paroles par lesquelles il rassure le petit monde effrayé.

Puis c'est le tour des autres parties du château. On visite tout, on monte « si haut qu'on peut monter », donnant à chaque coin son nom ronflant, sa destination antérieure, et cela avec un aplomb et une certitude qu'un archéologue pourrait envier.

Mais, faisons de l'histoire un peu plus sérieuse et disons quelques mots de cette race illustre des *Fleckenstein*, dont les ancêtres figurèrent déjà au tournoi de Rothenbourg en 942 et à celui de Trèves en 1019. Les deux frères *Gottfried et Conrad de Fleckenstein* sont nommés dans des diplômes de l'empereur Frédéric Ier, portant les dates de 1179 et 1189, et leur parent, *Henri*, revêt les importantes fonctions de *Schultheiss* de la ville impériale de Haguenau. Plus tard la famille se divise en trois branches, celle de *Fleckenstein*, celle de *Beinheim* et celle de *Soultz-sous-Forêts*. La dernière s'éteignit en 1370, la seconde prit en 1376 le nom de *Dagstuhl*, puis disparut, léguant ses biens à l'église de Trèves. La branche aînée ou branche alsacienne se subdivisa encore entre celle de *Soultz-sous-Forêts* et celle de *Niederrœdern*, qui s'éteignirent l'une en 1720, l'autre en 1637 déjà.

Bien qu'il existât plusieurs filles, mariées l'une au baron de *Vitzthum d'Egersberg*, le comte de *Rohan-Soubise*, s'appuyant sur une promesse de Louis XIV, chercha à prendre possession des fiefs impériaux, royaux et ecclésiastiques des Fleckenstein. La succession fut vivement discutée, et le Conseil souverain d'Alsace donna gain de cause aux Rohan. Le baron de Vitzthum garda cependant le village de Lembach et la ruine même du château, rendu le 19 février 1674 à *Vaubrun*, et saccagé six ans plus tard par *Montclar*; le vandalisme de ce capitaine n'a guère laissé debout que ce qui était taillé dans le roc.

Une tradition d'authenticité douteuse rapporte au Fleckenstein le premier acte d'une tragédie sanglante. Deux seigneurs de Lichtenberg, deux frères, s'étaient épris, à l'occasion d'un mariage, d'une princesse de *Daystuhl*, et se jurèrent réciproquement l'un, si son rival était agréé par la dame, de le faire mourir de faim, l'autre d'infliger les tourments de la soif à son adversaire. Ce dernier ayant été agréé, il fut aussitôt enfermé dans un sombre cachot, où on lui portait sa pitance, sans une goutte d'eau. S'étonnant de le voir résister à ce régime, le cruel seigneur obtint du chapelain du château le secret du malheureux prisonnier, qui humectait son pain aux murs de son cachot. Aussitôt on revêtit ces derniers de planches, et la mort ne tarda pas à ne laisser qu'un

seul aspirant à la main de la noble dame. Tant
de cruauté lui avait fait prendre le prétendant en
horreur ; aussi ne resta-t-il au survivant que le
remords de son acte hideux. Torturé par sa con-
science, il se jeta du haut d'un balcon de son
château dans l'abîme, entraînant avec lui le chapelain dans sa chute.

* * *

En quittant la ruine imposante du Fleckenstein, nous nous dirigeons vers la *Hohenbourg*,
qui la domine, et laissons de côté le château de
Lindenschmidt[1], célèbre par les rapines de ses
chevaliers, dont l'un d'eux faisait ferrer ses chevaux à rebours pour dépister les voyageurs et
les mieux dévaliser.

Nous montons à la Hohenbourg par des escaliers aériens, où les rampes sont presque insuf-
fisantes pour vous préserver du vertige.

La vue du côté de l'Alsace et de la Lorraine
mérite bien qu'on affronte un peu d'émotion
en montant. C'est bien là notre cher pays d'une
beauté si intime, si variée, où tant d'âme se
dégage des choses, où le passé et le présent

---

[1] Appelé aussi *Linkenschmidt*.

se confondent dans une harmonie triste, mais douce cependant. Aussi entonnons-nous des quatuors de Mendelssohn et quelques autres chœurs, un des membres de notre société ayant pris la précaution d'emporter de la musique ; et il semble que les vieux murs séculaires vibrent à ces sons modernes. C'est qu'aussi nous ne nous trouvons plus ici dans un repaire de brigands détrousseurs de grands chemins, mais dans une ancienne demeure féodale où les arts, la poésie et la nature se donnent la main, ainsi qu'en témoignent déjà les nombreuses sculptures ornant les ruines, et où se retrouvent les armoiries des Hohenbourg et des Sickingen.

N'est-ce pas ici que le *Minncœnger, Conrad Puller de Hohenbourg*, faisait entendre les accords de sa lyre, tenant les châtelaines rêveuses sous le charme de ses vers d'or ? Et, loin de son Alsace, à la cour de Rodolphe de Habsbourg, il chantait encore son pays et sa bien-aimée.

> Nu is der walt
> wohl bekleidet überall,
> und diu heide ist manniger hande varwe riche;
> manikifalt
> ist der kleinen vogelin schal,
> berg und thal

gezieret stant gar wonigliche,
die der kalte Winter mit gedrange
hiure jamerichen twank [1].

Un *Henri de Hohenbourg* peut être considéré comme le patron de la Société du Relèvement moral et le premier fondateur de l'hôpital de Strasbourg, ayant établi, près de cette ville, en 1309, un hospice pour les femmes, qui fut après transféré dans l'intérieur de la cité (1392).

Un autre Puller, *Wirich de Hohenbourg*, assiégé à Mutzig en 1444, résista avec une bravoure chevaleresque aux efforts réunis du comte palatin, de l'évêque de Strasbourg et des comtes de Linange et de Saarwerden. Mais cette grande race finit tristement, en la personne de *Richard*, brûlé à Zurich, en châtiment de ses abominations.

* *

Nous ne retournerons point sur nos pas sans avoir visité une dernière ruine qui, bien que dominant le fond de la vallée de la Sauer, ne fait

---

[1] Maintenant la forêt s'est revêtue et la lande s'est enrichie; les chants variés des petits oiseaux s'entendent, et montagnes et vallées, que le froid hiver tenait sous sa rude étreinte, sont parées délicieusement.

plus partie de notre Alsace, mais est reliée trop directement aux châteaux voisins pour ne pas nous appartenir un peu. C'est la *Wegelnbourg*.

La ruine en elle-même est d'une importance secondaire et n'attirerait pas autant le touriste sans la vue dont on y jouit sur le Palatinat d'un côté, l'Alsace et la Lorraine de l'autre, et qui n'a pas d'équivalent.

Nous n'essayerons pas de rendre ce panorama enchanteur. Toute cette partie de la Bavière rhénane est littéralement semée de vieux châteaux. Nommons seulement les principaux : le *Drachenfels*, la *Madenbourg*, le *Bœrwelstein* à la teinte blanche, les différents châteaux de *Dahn*, le *Lindelbronn* et le *Trifels*, célèbre par le séjour de Richard-Cœur-de-Lion. Ajoutez à cela, du côté alsacien, les *Winstein*, le *Schœneck*, le *Hohenfels* et tant d'autres demeures féodales ou de roches énormes, difficiles à distinguer des ruines.

Les montagnes qui ondulent à l'horizon sont le *Donnersberg* (près de Mayence), le *Potzberg*, l'*Odenwald* et les *Ardennes*. Plus près de nous le *Maimont*, la forteresse de Bitche, la vallée de la *Lauter* et le ruban gracieux de la *Sauer*, et, au fond, le *Finsterkopf* et la *Garnfirst*. A nos pieds *Nothweiler* et le charmant petit bourg de *Schœnau*, si bien caché dans la verdure et les arbres fruitiers.

Nous ne saurions oublier une impression reçue au haut de la Wegelnbourg. C'était peu après la mort du roi *Louis de Bavière*. Nous nous trouvions là juste à l'heure de midi. Soudain, de tous les clochers, montèrent des sons funèbres, harmonie grandiose de tons divers se succédant, se répondant, s'entremêlant et se confondant tour à tour, suivant la distance des clochers ou la force du vent atténuant ou développant les sons, avec des *pianos*, des *diminuendos*, des *crescendos* ou des *forte* saisissants. Parfois un point d'orgue, un silence, puis un solo grave coupé par un tintement argentin, et, de nouveau, tous les registres tirés à la fois.

Wagner lui-même ne composa jamais d'œuvre plus grandiose et le roi mélomane ne rêva pas de marche funèbre produite par des moyens aussi ordinaires et cependant aussi expressifs, tant il est vrai que le simple et le sublime se touchent.

Ne semblaient-elles pas, toutes ces cloches, gémir et pleurer l'égarement de ceux qui oublient la valeur sacrée de la vie, et, de même que le royal descendant des Wittelsbach, vont témérairement ou légèrement au-devant de la mort?

La Wegelnbourg, cette forteresse de l'ancien empire germanique, fut détruite en 1282 par *Othon d'Ochsenstein*, landvogt d'Alsace, et par les Strasbourgeois exaspérés des rapines commises par les habitants de ce repaire de vautours. Reconstruit plus tard, le château devint le siège du bailliage de Schœnau, jusqu'au jour où ce dernier fut transféré dans la petite ville. En 1680, il subit de la part des soldats français le même sort que les demeures féodales voisines, et fut démantelé sans pitié.

Les légendes ne sauraient manquer dans un site qui s'y prête si bien, entre ces ruines abandonnées et cette poétique forêt dont la vue dispose déjà au merveilleux.

Ne nous semble-t-il pas entendre, dans l'enfoncement entre la Hohenbourg et la Wegelnbourg, le son des quilles d'or se heurtant dans le *Stœckelgarten*, ou saisir dans les murmures des branches, au crépuscule, l'appel désolé de la belle jeune fille attendant de siècle en siècle celui qui viendra la délivrer ?

Cette *Radegonde*, pour laquelle 32 chevaliers s'étaient cassé le cou, 20 autres poignardés et 50 laissés consumer lentement d'amour et de désir, fut punie de ses refus altiers en étant métamorphosée en serpent et en crapaud. Il s'agit, pour la délivrer, de l'embrasser successivement sous ces deux formes. Un chevalier parvint à subir la première épreuve, mais recula effrayé devant l'autre. On aperçoit le *Krœtenstuhl* dans le voisinage de la fraîche fontaine où, durant les nuits claires d'été, la malheureuse Radegonde fait retentir ses sanglots.

Les légendes sont terriblement vengeresses et nous prouvent à quel point le sentiment de la justice est inné dans le peuple.

Mais il est temps d'aller nous reposer de nos fatigues à Schœnau, où nous conduit un beau chemin de forêt, vous laissant une impression d'église ou de région lointaine et abandonnée.

Nous voici dans la petite ville, qui possédait autrefois des forges célèbres, appartenant à la famille de *Guinanth*, mais qui ne sont plus exploitées aujourd'hui et ont été achetées par la maison de Dietrich.

Le perron garni de pots de fleurs de l'auberge « zum Lœwe », tenue par M. Mischler, nous invite à entrer. Tout en attendant notre dîner, nous suivons des yeux les parties de quilles des bons curés bavarois, devisant près de leur *seidel* de bière, en fumant leurs grandes pipes aussi longues que leurs redingotes boutonnées.

Et si nous voulons pousser plus loin dans ce

pays des châteaux et des légendes, nous passerons la nuit dans les chambres proprettes, la tête appuyée sur les oreillers blancs, qui laissent, à la mode allemande, voir un beau fond ponceau sous un entre-deux de guipure.

Quant à nous, nous avons hâte de revenir vers notre Alsace, vers ses traditions et ses souvenirs.

Nous pouvons, d'ici, nous rendre par Steinbach à *Bitche*, visiter en passant l'arête aiguë de la ruine de *Lützelhardt*, le poétique étang du *Langenweier*, l'abbaye de *Stürzelbronn*, qui joua un si grand rôle dans notre histoire et dont il ne reste plus que de rares vestiges, ou bien nous rendre à *Niederbronn*, par la vallée du *Schwarzbach* et le *Jægerthal*, car, comme dit le poète [1] :

Notre âme n'a jamais perdu la nostalgie
Des verts chemins qui vont là-bas vers l'horizon !

[1] François Coppée, *Intimités*, X, p. 111.

VIII.

AUTOUR DE NIEDERBRONN

Origines des bains. — Quelques sommets. — Le Schwarzbach. — Le Schœneck et les deux Winstein — Souvenirs. — Le haut-fourneau du Jægerthal.

DANS notre enfance, quand on nous parlait des Romains, nous voyions se dresser devant nos yeux d'imposantes figures de héros, n'ayant aucune de nos faiblesses et de nos infirmités, et lorsqu'on nous montra le Rœmerbad si bien reconstitué de Badenweiler, dans la Forêt-Noire, nous ne pouvions comprendre la nécessité, pour ces fortes races primitives, de thermes, d'eaux minérales et de tout l'attirail balnéaire moderne.

Le prestige de l'antiquité classique, si puissant pour la jeunesse, se perd avec l'âge, et nous ne nous étonnons plus aujourd'hui que les maîtres du monde ancien fussent affligés tout comme nous de rhumatismes.

Les Romains savaient apprécier notre Alsace, en découvrir les charmes et en exploiter les richesses. Ils ne pouvaient donc manquer d'utiliser les vertus curatives de la source de Niederbronn et d'y établir une importante station balnéaire. Les monnaies retrouvées sur les lieux et qu'on considère comme des dons faits à quelque divinité favorable, se rapportent à une période d'environ 400 ans. La plus ancienne porte l'effigie du triumvir *Marcus Antonius*. Puis, presque toute la série des empereurs y figure, depuis Néron, Vespasien, Titus, Domitien, Nerva, Trajan, jusqu'à Arcadius. De l'empereur Adrien seul il a été déterré plus de 60 pièces.

On a découvert, en outre, de nombreux vestiges d'une civilisation précoce : des bassins, de beaux pavés, des tuyaux en plomb ayant servi à conduire les eaux, des bas-reliefs, des colonnes, des autels, la pierre votive d'un officier de la 8ᵉ légion, le monument d'un cavalier gaulois et d'innombrables vases et urnes.

La *Wasenbourg* également, cette ruine bien

conservée qui est la promenade favorite des baigneurs, a dû être un castel romain, et l'on y a dégagé en 1583 une inscription latine [1] où le petit mot de *teguliciam* a donné beaucoup de fil à retordre aux linguistes et aux archéologues et, de là, est allé enrichir les dictionnaires. Gœthe déjà en déchiffrait les caractères, lors de son passage à Niederbronn, et lui consacre quelques mots dans *Wahrheit und Dichtungen*.

Au cinquième siècle de notre ère, la barbarie avait repris le dessus et étendu son aile sombre sur nos contrées. Niederbronn existe bien encore comme fief impérial des landgraves d'Alsace et porte le nom de *Dorn-Burn*. Les landgraves vendent leurs droits aux seigneurs d'*Ochsenstein*, et, après l'extinction de ceux-ci (1485), les comtes de *Deux-Ponts-Bitche* en héritent. En suite du mariage de la princesse Ludovica-Marguerite de Deux-Ponts avec le comte *Philippe V de Hanau-Lichtenberg*, Niederbronn passe en 1570 à cette importante maison, retrouve ainsi sa prospérité primitive et est rattaché à la Réforme par les soins de *Jean Erythræus* (Roth), premier pasteur d'Oberbronn.

[1] *Deo Mercurio Attegiam teguliciam compositam Severinius Satullinus Caii Filius ex voto posuit lubens, libenter, merito.*

Le comte Philippe V s'efforça de rendre aux bains leur ancienne importance et en fit analyser les eaux par les médecins, qui les déclarèrent propres « à réchauffer, dégager, absorber, purifier, fortifier »[1]. On nettoya les anciens bassins, bâtit des auberges, remit tout en œuvre pour attirer les baigneurs, parmi lesquels le comte lui-même était le plus assidu.

Son fils *Jean-René I*er hérita de l'amour de son père pour Niederbronn, fit construire de nouveaux bâtiments, et céda le fermage des bains à l'un de ses employés, le maître des forges et mines, *Adam Jœger*. Le *Jægerthal*, où toute industrie métallurgique est abandonnée aujourd'hui, par suite de l'éloignement des voies ferrées, tire son nom de ce personnage, et pas, ainsi qu'on le croit d'ordinaire, de quelque exploit cynégétique. On voit s'y ébattre maintenant, dans les anciens logements d'ouvriers, vis-à-vis du château de la famille de Dietrich, les joyeuses cohortes de petits citadins, pâles et souffreteux. Ils sont envoyés là en *colonies de vacances*, conformément au vœu d'une chère défunte, d'une généreuse amie de l'enfance.

[1] « Zu erwermen, zu eröffnen, zu verzehren, zu trücknen, zu reinigen und zu sterken ».

Mais revenons au passé.

La guerre de Trente ans vint, là comme ailleurs, accumuler les ruines et répandre la désolation.

Les bains de Niederbronn végétèrent jusqu'à l'époque où ils passèrent entre les mains de la famille de Dietrich.

Un descendant de l'ammeister de Strasbourg, ce *Dominique Dietrich* [1] qui avait osé tenir tête à Louvois et à Louis XIV, et défendre sa foi contre les convertisseurs, *Jean de Dietrich*, acheta de l'empereur François Ier la seigneurie de Reichshofen, et des comtes de Linange une partie de celle d'Oberbronn et de Niederbronn. Il acheva pour les bains ce que les comtes de Hanau avaient ébauché, et fit de la petite ville un centre industriel prospère. Anobli par Louis XV, il s'était construit un château à *Reichshofen*, dont l'usine, avec ses vastes ateliers de construction, est actuellement, à côté de celles de Mertzwiller, Zinswiller, Niederbronn, Mutterhouse et Lunéville, l'une des plus importantes de la maison de Dietrich et Comp.

On sait comment la Révolution amena la ruine

---

[1] Voir, pour de plus amples détails, la *Revue chrétienne* de mai 1888.

momentanée de la famille et fit tomber sur l'échafaud la tête du noble et courageux maire de Strasbourg, *Frédéric de Dietrich*. Son fils mourait quelques années plus tard, mais la veuve de ce dernier, la vaillante *Mad. Amélie de Dietrich, née de Berckheim*, sut relever la maison et donner à l'industrie de Niederbronn un nouvel essor. Ses deux fils, les barons *Albert et Eugène de Dietrich* contribuèrent puissamment à ce résultat.

Les bains aussi éprouvèrent le contre-coup de ces événements et entrèrent dans une phase de prospérité non encore atteinte jusque-là. Ils ont continué, depuis, à attirer beaucoup d'étrangers, grâce aux efforts du comité balnéaire et des hôteliers.

Au mérite incontestable de ses eaux salines chlorurées, contenant du fer, de l'iode, du brome et de l'arsenic, et très efficaces contre les affections de l'estomac et du foie surtout, Niederbronn joint l'avantage d'être situé dans une contrée qu'on peut, sans exagération, appeler une Suisse en miniature. Que n'offre-t-elle pas au touriste et au citadin énervé, en quête de villégiature? Ils y sont à proximité des verreries de Saint-Louis, des faïenceries de Sarreguemines et de la forteresse de Bitche ; non loin du champ de bataille de Frœschwiller, des ruines de *Lichtenberg* et de celles du *Falkenstein* ; près de *Philippsbourg* et du *Bœrenthal*, où nous saluons un amateur d'alsatiques, un infatigable fouilleur de vieux documents, qui est en même temps le compositeur de belles hymnes d'église et d'un important recueil de chorals [1]. Et, dans le voisinage immédiat, que de plantes rares à découvrir pour le botaniste, que de ruines poétiques à dessiner, d'étangs poissonneux qu'on prendrait pour des lacs naturels, de cours d'eau folâtrant avec délices dans les prairies, de forêts maîtrement entretenues, où se rencontrent toutes les essences silvestres, et de sommets d'où la vue plonge soit sur la plaine d'Alsace, soit sur le plateau de Lorraine, soit sur le Palatinat, soit sur des vallons paisibles, discrètement cachés derrière les têtes qui les protègent !

* *
*

Elles ne sont pas bien hautes, sans doute, ces montagnes, et les plus élevées ne dépassent guère 500 mètres d'altitude, mais chacune d'elles a un

---

[1] *Halleluia*, vierstimmiges Melodienbuch, von *F. A. Ihme*. Selbstverlag, Bærenthal, 1888.

caractère tout à fait original, pittoresque et idyllique.

Voici d'abord, au-dessus de la Wasenbourg, aux fenêtres élégantes, aux frises sculptées, une cime carrée dominant Oberbronn et la vallée de la Zinzel, c'est le *Wasenkopf* (521 mètres), dont le sommet est occupé par une tour. Nous nous y trouvons un jour au milieu d'un essaim de fourmis volantes, qui ne nous laissent apercevoir qu'à travers un voile d'étrange nature le grandiose panorama se développant à nos pieds. Sur la tour même est fixée une plaque commémorative consacrée à une de nos gloires alsaciennes. *Auguste Stœber*, le poète et le savant, habita longtemps Oberbronn et fut un des premiers à nous faire connaître notre pays natal et à nous révéler, dans ses *Sagen des Elsasses*, la poésie de nos vieilles légendes.

Le roi des sommets avoisinant Niederbronn est le *Wintersberg*, qui compte 580 mètres d'altitude. Le Club vosgien y a bâti aussi une tour d'où l'on a la vue la plus étendue qui puisse se rencontrer de Wissembourg à Saverne, et qui embrasse notre plaine fertile, la Lorraine boisée, la Bavière rhénane avec sa légion de vieux châteaux, le grand-duché de Bade et les lointains festons de la Forêt-Noire.

La *Garnfirst*, à l'époque où nous l'avons visitée, était comme un îlot dans un océan de verdure, au delà duquel allaient se superposant et passant du bleu au gris et au blanc les contours doucement estompés des montagnes de la frontière alsacienne et du Palatinat. Les arbres, en grandissant, restreignent de plus en plus cette vue tout particulièrement saisissante, qui vous donne une impression de vagues gigantesques soudain figées sous vos yeux.

Non loin de là se trouve un rocher où l'on voit une figure grossièrement sculptée, appelée la *Lise*, dans laquelle les amateurs d'antiquité bien intentionnés prétendent retrouver une divinité païenne, et qui n'est, selon les autres, qu'une mauvaise ébauche due à des douaniers ennuyés.

Plus authentique nous paraît le *Camp celtique*, où d'étranges pierres, parmi lesquelles on reconnaît un autel de sacrifices, se dressent en amphithéâtre autour d'une large place gazonnée et vous laissent sous le mystère oppressant d'un passé impénétrable.

Au *Haidenkopf*, nous secouons de vagues interrogations et l'espèce de malaise inquiet se dégageant de ces choses par trop lointaines, pour aller nous reposer dans la riante *Maison forestière*, connue sous le nom de *Fœrsterhisel* dans toute la contrée. On y rencontre une délicieuse fraîcheur les jours brûlants d'été, près de la grotte et de la cascade aux gouttelettes perlées et sur le balcon où un coin de Niederbronn vous envoie son salut bon enfant. Quelles belles et douces heures de réunion passées là en famille ou dans la société d'amis fidèles et dévoués, assaisonnant de leur esprit vif et charmant le café à la crème, le beurre doré et les œufs frits de la forestière ! Oui, c'étaient de ces moments dont le poète a dit :

Je ne sens plus le poids du temps, le vol de l'heure
D'une aile égale et douce incessamment m'effleure !

et l'on y songe longtemps encore après qu'ils sont envolés, comme l'écho garde et ne rend qu'à regret les sons dont il a perçu l'intime harmonie. Et quand le soir venait, que la lune, en dressant sa lampe électrique au-dessus de la forêt déjà noire, nous faisait songer au retour, on s'en allait, les uns devisant gaîment, ou frissonnant sous les grands arbres pleins de murmures mystérieux, les autres songeurs et recueillis, pénétrés par la beauté de la nuit d'été et écoutant une lointaine chanson d'oiseau.

C'est surtout au *Finsterkopf*, à peine indiqué dans les Guides, mais qui est la cime la plus haute de la contrée, après le Wintersberg, que nous nous arrêterons.

Bien qu'un chemin commode y conduise de Niederbronn par le *Fœrsterhisel* et la belle ferme modèle de M. le baron Eugène de Dietrich, le *Reissacker*, nous préférons monter à pic, par des sentiers à peine tracés, écartant les branches des jeunes chênes, foulant les bruyères, les hautes fougères, les plantes odorantes ou les feuilles sèches qui rendent un son sourd en s'émiettant sous nos pas. Des vols de perdrix se lèvent tantôt à droite, tantôt à gauche; un geai fait entendre sa voix de crécelle enrouée, et un merle lui répond en musicien qui se respecte, avec tout un auditoire de lézards dilettantes, écoutant pâmés sur le sable chaud ou le tapis de feuilles. Soudain un faisan glisse entre les taillis avec un gloussement d'effroi, ou bien c'est, un peu plus loin, un groupe de chevreuils qui passe furtivement.

Nous voici en haut. Laissons-là le banc qui nous rappelle un peu trop la prose de tous les jours, et asseyons-nous sur les larges pierres tendues de mousse, ou sur les feuillages des myrtilles et la bruyère rosée.

Que le vallon de Winstein se présente joliment ici, avec ses prés, ses ruisselets, ses maisons éparses comme une troupe d'écoliers en vacances, et les deux imposantes ruines qui, avec le *Rabenfels*, dominent tout le paysage !

Un peu vers notre gauche, nous avons un coup d'œil plus saisissant encore sur le haut de la vallée, les méandres du Schwarzbach, Dambach et Neunhofen. Ajoutez à cela des lointains bleus de montagnes, des enfoncements sombres de forêts superposées et, surtout, à l'heure du couchant, une gloire d'or, enluminant le ciel et jetant sur toutes choses un rayonnement de cathédrale.

On redescend alors silencieux et tout imprégné de cette beauté du soir, pour pénétrer sous le dôme sombre des chênes et des hêtres séculaires, au branchage bizarrement formé. Des sources discrètes susurrent entre les rochers et sous l'épais lit de feuillage. Ici et là, dans la nuit toujours plus profonde, passe une luciole ; en voici deux, trois, dix, davantage encore ; elles vont et viennent comme des perles de lumière qui seraient tombées des étoiles. Nous les saisissons au passage et les gardons un moment dans la main pour examiner leur petit appareil phosphorescent. Puis nous les relâchons : Bonsoir, petites bestioles lumineuses!

Puissions-nous, comme vous, servir, aux autres de guides dans l'obscurité !

*   *   *

C'est une vraie Suisse en miniature, disions-nous, que le pays de Niederbonn. Maintes choses, en effet, nous y rappellent la contrée classique des touristes! Ici c'est le *Birkenschloss* avec sa pittoresque carrière abandonnée, le *Diebskopf* et ses énormes roches qui ressemblent à des menhirs, le *Langenberg* suspendu au-dessus du frais petit vallon du *Silberflüssel*, le *Grünthal* qui mérite si bien son nom, et où l'on prétend trouver des traces d'anciens glaciers. Mais donnons surtout une mention au *Schwarzbach*, qui prend sa source près de Stürzelbronn et de Dambach, et devient peu à peu une rivière aux méandres capricieux. Tantôt elle va jetant de puissantes vagues sur des roches moussues, tantôt elle les contourne et varie ses allures à l'infini, s'élançant avec de soudains accès de fureur et creusant ses bords, ou s'arrêtant paresseusement comme pour écouter le vent dans les bois, ou le chant saccadé en mi bémol des cigales, soutenu par le fa mineur des batraciens. Des chevreuils viennent boire dans l'eau claire, et leurs formes sveltes se découpent dans la verdure des prés, tandis que de gentilles bergeronnettes sautillent de pierre en pierre, en balançant leur longue queue, ou qu'un martin-pêcheur fuit devant nous comme une flèche, ne laissant apercevoir que l'éclair de son plumage d'un bleu métallique.

* * *

Et les vieux châteaux ! Il nous faudrait quelques jours pour les visiter tous : *Hohenfels, Wineck, Wittschlœssel, Schœneck, Vieux et Nouveau Winstein*. Nous nous bornerons à ces trois derniers.

Le Schœneck est tout un poème, tant par son architecture intéressante, ses tours, ses balcons, ses voûtes, ses fenêtres, que par son passé historique et sa situation au-dessus de l'étang du *Fischeracker*. Ce petit lac est absolument couvert de nénuphars, dont les belles coupes blanches nacrées se penchent rêveuses entre les roseaux, sous la caresse du soleil d'été, ou se referment à l'heure du crépuscule, tandis que des souffles légers, des vapeurs humides glissent dans l'air et vous font penser aux *Schilflieder* de Lenau :

Drüben geht die Sonne scheiden
Und der müde Tag entschlief,
Niederhangen hier die Weiden
In den Teich so still, so tief.

. . . .
. . . .

Durch die tiefste Seele geht

. . . .

Wie ein stilles Nachtgebet.

Bâti au treizième siècle par les seigneurs de Schœneck, dont deux représentants furent bourguemestres de Strasbourg, le château passa aux Deux-Ponts, qui en investirent en 1517 *Wolf Eckbrecht de Dürckheim*. Nous avons vu ailleurs qu'il servit de refuge aux populations fuyant les désastres de la guerre de Trente Ans. La légende raconte que le *comte Cuno*, celui-là même qui fit l'acquisition de Frœschwiller, aperçut un soir, du faîte de son château de Schœneck, deux cavaliers armés, pénétrant dans la cour. Croyant à une trahison, il se précipite à leur rencontre et veut se saisir de leur personne, quand il entend l'un des chevaliers lui dire : « Vole au secours de ton fils au château de Winstein, demain il sera trop tard !» Effrayé d'abord, le comte suit l'apparition qui se dérobe soudain ; il réunit en hâte ses gens et s'élance vers le Nouveau Winstein, qui était, en effet, prêt à céder devant la force des assiégeants et fut sauvé grâce à cette courageuse intervention.

On prétend voir encore maintenant les deux chevaliers errer dans les ruines de la vieille *burg* féodale, et cela particulièrement à la veille d'une guerre ou d'un grand événement historique.

Le *Vieux Winstein* [1], qui pourrait bien avoir été déjà une forteresse romaine ou celtique, s'élève, comme un défi, sur deux blocs de rochers, formant l'un une plate-forme allongée surplombant la montagne, l'autre une espèce de tour ou de bastion inaccessible, couronné de quelques vestiges de murs.

Une maison forestière a été construite à l'entrée même du château et près du souterrain qui reliait, dit-on, le Winstein au Schœneck. Cette maisonnette, visible de très loin, met une tache blanche dans le gris rosé des roches. A droite se voient encore des pans de murs, des poternes, des excavations profondes, des escaliers qu'on ne franchit qu'à grandes enjambées et non sans un secret frisson, pour arriver à de larges cavités creusées dans le roc et à une citerne, qu'il

---

[1] Et non pas *Windstein*, ce nom venant de l'ancien mot allemand *Win* qui signifie joie.

n'est pas très aisé d'escalader et d'où le regard plonge sur un beau fond de forêts, fermant le vallon.

De l'autre côté de la masse rocheuse, d'autres escaliers, un puits presque comblé et un passage qui vous amène de plain-pied à la plate-forme.

C'est surtout de ce côté-là, le moins visité peut-être, que nous aimions à nous installer sur la mousse bien sèche, vis-à-vis du Grünthal, au pied des tours menaçant ruine, en écoutant chanter le vent dans les chênes qui tamisent une belle lumière d'or entre leurs feuilles festonnées. Ah! qu'il était doux de passer là des heures, des journées entières, un livre ou un album à la main, avec des rires d'enfants autour de soi! Comme on croyait y revivre les siècles écoulés!

L'histoire des deux châteaux est très embrouillée, et ce qui en a été publié jusqu'ici fourmille d'erreurs que nous n'avons pas à relever ici. Disons seulement que l'ancienne famille de *Winstein* est nommée dès 1216, sous l'empereur Frédéric II. En 1332, le Vieux Winstein était assiégé et détruit avec force catapultes par les milices réunies de Haguenau et de l'évêque Berthold de Strasbourg; les vainqueurs imposèrent la condition qu'il ne serait pas rebâti, ce qui détermina *Guillaume de Winstein* à élever sur la colline voisine le *Nouveau Winstein*. Son descendant, *Jean Ostertag*, obtint la faveur de reconstruire l'ancien nid d'aigle. En 1378 il en était possesseur de compte à demi avec son beau-frère, le chevalier *Henri Eckbrecht de Dürckheim*. En 1480, par suite de l'extinction des Winstein, les châteaux passèrent aux Deux-Ponts-Bitche, furent fort malmenés par le duc de Lorraine, et revinrent en 1664 au comte *Wolf-Frédéric Eckbrecht de Dürckheim*, qui les défendit vaillamment contre les troupes de Montclar, opposant ainsi le dernier boulevard à l'invasion étrangère.

Après la paix de Nimègue, les Dürckheim furent remis en possession des deux ruines. Ils les vendirent en 1820 à la famille de Dietrich, qui en est encore propriétaire, ainsi que des magnifiques forêts environnantes.

Le *Nouveau Winstein*, sauf une salle sombre, sorte de prison creusée dans le roc, est d'un aspect plus riant, plus fleuri que son frère aîné ; des fenêtres gothiques d'un très grand style, où l'on peut s'asseoir à l'aise et qu'on atteint par un escalier commode, en font un bijou de vieille ruine et permettent au regard d'errer librement sur les beaux châtaigniers, les maisons du hameau piquées dans la verdure, l'étang du Jægerthal réflétant les arbres de ses bords et les prairies où serpente le ruban argenté du Schwarzbach.

Il nous semble parfois voir passer devant nos yeux l'image rendue si populaire, par le dessin de Th. Schuler, de la jolie *Boulangère de Winstein*. La gracieuse princesse est surprise par le chevalier de Waldner au moment où, remplaçant une servante malade, elle pétrit de ses beaux bras blancs le pain de la maison, et prend ainsi le cœur du seigneur blasé, resté jusque-là insensible aux charmes de toutes les jeunes châtelaines d'Alsace.

Ou bien nous nous retrouvons, par le souvenir, assise dans une de ces fenêtres ogivales, en tête à tête avec une descendante de ces races chevaleresques, comptant des Rathsamhausen et des Fleckenstein dans son arbre généalogique. Nous regardons avec elle les vallées profondes, les forêts houleuses et les murailles dégradées, entortillées de clématite, de lierre et d'églantines, et nous parlons du passé et du présent... Sans doute, à quelques pas de nous, cette cavité profonde, cette sorte de puits où l'on mettait les prisonniers, crie bien haut les injustices et les cruautés des anciens temps. Nous vivons dans un âge plus humain, plus civilisé, mais le cœur de l'homme en est-il meilleur ? et deux cents ans après l'effondrement de la féodalité ne voyons-nous pas se dresser déjà devant nous la menace du 93 de la révolution sociale, plus terrible peut-être que le premier ? C'est que la pauvre humanité, malgré ses progrès incontestables, reste la race déchue, capable de toutes les folies et de tous les crimes.

Et toi, nature vibrante, qui t'épanouissais au temps des chevaliers bardés de fer, tu es toujours la même. Le tableau humain n'a fait que changer devant toi, et tu te ris peut-être, dans ta majesté tranquille, de nos misères et des tristes fluctuations de notre histoire.

Pourquoi revenons-nous toujours avec tant d'attrait vers toi ? C'est que tu parles de stabilité, de fidélité, et révèles un monde supérieur à des créatures inconstantes et fragiles, auxquelles tu sembles communiquer quelque chose de ta jeunesse éternelle.

* * *

Des ruines aux morts la transition est facile et le petit cimetière est bien près des vieux châteaux. Il entoure comme un jardin verdoyant ce

temple rustique de Winstein, rappelant les églises
des plus hauts villages des Alpes. Combien de
fois, devant ces simples croix de bois grises ou
ces pierres funéraires modestes envahies par les
mousses, nous avons souhaité de reposer un jour
là, dans la sérénité de ce paisible vallon, près de
ces cimes boisées fermant l'horizon, sous ces
fleurs, cette verdure et ces sapins, où retentissent des chants de rouges-gorges et de fauvettes !
Les oiseaux réservent pour les morts leurs notes
les plus intimes, les plus vibrantes, et servent
d'intermédiaire entre nous et ce monde supérieur
dont nous voudrions pénétrer le mystère.

Une tombe surtout nous attire ici, et notre
pensée s'y reporte souvent dans les heures de
rêverie et de méditation. Celle qui repose sous
cette pierre adossée au mur, où des mains pieuses renouvellent sans cesse les couronnes et les
fleurs, a laissé dans toute la vallée le souvenir de
sa bonté généreuse et de sa cordiale simplicité.
Joignant aux traditions de charité bien connues
de sa maison le charme d'une personnalité fran-
che, d'un esprit largement cultivé et d'un sens
profond du devoir, elle a suivi de bien près dans
l'éternité ce vénérable vieillard si modeste, l'oc-
togénaire respecté, *M. le baron Albert de Dietrich* père, qui rendait, lui aussi, un éclatant

hommage à la belle devise de ses ancêtres : *Non sibi, sed aliis* (Non pas pour soi, mais pour les autres). Bénissons leur mémoire, et gardons leur image dans nos cœurs.

* * *

Avant de nous arracher au passé et au souvenir de ces morts aimés, nous désirerions accorder une pensée reconnaissante aux vivants ; mais il faut nous borner, et nous nous contenterons de rappeler un autre ami disparu, nous voulons parler du *haut-fourneau* du Jægerthal, éteint le *19 décembre 1885*. Une note de *Jean Serp*, pasteur à Niederbronn, de 1682 à 1687 et conservée dans les registres paroissiaux, nous raconte comment deux cents ans plus tôt, le *5 avril 1685*, ce haut-fourneau avait été allumé pour la première fois. Sur l'ordre du nouveau propriétaire, le baron Jean de Dietrich, un service religieux avec sermon et prières spéciales consacrait cet événement et rappelait aux contemporains le rôle de l'industrie locale, destinée à « servir le prochain, en travaillant et fondant l'acier »[1].

On ne songe plus guère, en notre siècle indif-

[1] « Damit zu dienen, richten und schmelzen. »

férent, à accoupler ainsi le travail et la prière ; ne serait-ce pas là notre talon d'Achille et la cause secrète de nos faiblesses ?

Nous l'avons aimé, comme tout ce qui l'entourait, le haut-fourneau lançant au-dessus de la fraîche vallée, le jour ses flots de vapeur, la nuit ses fusées d'incendie. Une plaque de métal, sur laquelle on annonçait les charges de charbon jetées dans le gouffre béant, scandait les heures de ses vibrations retentissantes et nous servait à nous-mêmes de rappel à notre tâche ! Oh ! les belles coulées de métal en fusion, les gerbes d'étincelles jaillissant en étoiles, ou éclatant en ombelles ! Semblable au feu de la vestale antique, la fournaise ne devait jamais s'éteindre et nous donnait ainsi l'exemple de cette énergie persévérante, de cette ténacité dans le devoir et dans la foi qui fait les âmes actives et viriles.

IX.

LE PAYS DE HANAU

Une visite aux ruines de Lichtenberg. — Vieux costumes, vieux usages et vieux livres. — Le Bastberg. — Victoire féminine. — Le Neuenberg.

Un *toc toc* discret a retenti ce matin à la porte des hôtes du presbytère de Rothbach. Est-il bien permis de troubler ainsi dans leurs rêves de jeunes dormeurs en vacances et de respectables pères et mères de famille? Ah! on l'envoie... promener... à la lettre, ce perturbateur importun qui se permet d'être presque aussi matinal que le soleil!

Cependant, les uns se frottent les yeux en grommelant un « On y va! » enroué, d'autres se contentent de se retourner en dormant de plus belle, un troisième met le nez à la fenêtre.

— Eh bien ! lui crie-t-on de la cour, êtes-vous de la partie ?

— J'espère !

Un grand éclat de rire accueille ce « j'espère », qui ne pourrait être jeté d'une voix plus désespérée et ressembler davantage au dernier appel d'un condamné à mort.

Enfin, d'autres retardataires arrivent ; on avale en hâte de grands bols de lait chaud, et chacun va se tailler à sa guise un morceau dans les *Kugelhopf* de fête, qui offrent généreusement au couteau leurs formes variées et leurs croûtes appétissantes et dorées.

En route ! La matinée sera belle, une légère buée de bon augure enveloppait les prés et la forêt dès l'aube, et le *Scheibenberg* commence déjà à se couronner de lumière.

A propos, savez-vous ce que c'est que le Scheibenberg ? Une montagne comme une autre, pensez-vous. Nous en admirions, de notre chambre haute, les belles roches et les arbres vigoureux, mais sans connaître la coutume à laquelle elle doit son nom, et qui existait autrefois dans beaucoup d'autres localités, et dans la vallée de la Bruche entre autres.

Il était d'usage, à Rothbach, les mardis-gras, que la jeunesse du village se réunît sur cette hauteur, y allumât un grand feu et brandît au-dessus de ce feu de petits disques en bois, tournant à la pointe d'un bâton. Quand les disques s'étaient enflammés, on les lançait dans la vallée, en prononçant quelques paroles sacramentelles. Nous ne pensons pas qu'aujourd'hui l'administration forestière consentirait encore à ces délassements, mais nous nous rappelons fort bien avoir vu, dans notre enfance, allumer de ces *bures*, et entendu faire tout autour, ainsi que c'est l'usage dans les Vosges, des publications de mariage burlesques [1].

A Rothbach [2], ces réjouissances avaient un caractère plus sérieux, bien conforme à l'esprit général du *Hanauerland*.

Passons outre. Le soleil pénètre peu à peu dans la riante vallée de Rothbach, accrochant des diamants aux pointes des herbes et souriant aux fleurettes de mai, nouvellement épanouies. Il répand de l'or à profusion sur les arbres, les rochers, les ruisseaux, les maisons et les terres

---

[1] Un ami nous fait observer que le *Scheibenschlagen* se pratique encore maintenant dans différentes parties de l'Alsace et, entre autres, à Offwiller, sous le contrôle tacite des forestiers.

[2] Rothbach, proprement, bien qu'au centre même du comté, ne faisait pas partie du Hanau, mais appartenait aux princes de Hohenlohe.

sablonneuses qui en reflètent et en centuplent l'éclat dans les innombrables parcelles de quartz qu'elles contiennent.

Qu'il fait bon marcher le matin dans cet air léger, imprégné d'un parfum humide et qui n'a rien encore des langueurs du jour. D'ailleurs on est constamment dans la forêt, et suit un joli chemin accidenté et fleuri.

Une partie de la caravane a déjà fait deux bons tiers de la course quand la cohorte des paresseux, dont les oreillers s'étaient, paraît-il, rembourrés soudain de regrets, fait son apparition par un sentier de traverse. Nous voilà donc presque au grand complet, et tout est pour le mieux dans le meilleur des printemps.

Voulez-vous un plaisir sain, pur, sans mélange ? donnez rendez-vous dans la montagne à d'anciens amis et visitez ensemble quelque sommet intéressant, quelque ruine. Les amis vous sembleront plus chers, la nature plus belle, et vous vous croirez vous-même rajeuni de dix ou vingt ans, sans compter quelques pages agréables de plus ajoutées à vos souvenirs, quelque gaie réminiscence qui vous fera sourire encore dans vos heures sombres.

Tout en causant de ceci et de cela et en cueillant des genêts nains, des mayenthèmes et des saxifrages granulées, nous approchons insensiblement du but de notre promenade, et voyons le château de *Lichtenberg* se dresser devant nous sur une montagne de forme cônique, à 415 mètres d'altitude.

La petite forteresse est une ruine récente, puisqu'elle fut occupée par une garnison française jusqu'en 1870 et se rendit aux troupes wurtembergeoises le 9 août, après un bombardement suivi d'incendie. Le lecteur désireux de suivre les péripéties de ce siège consultera la brochure où M. Spach, le pasteur de Lichtenberg, raconte ses souvenirs[1].

Rencontrant nous-même plus tard, à titre de garnisaires, ces mêmes soldats dans une tout autre partie de l'Alsace, nous fûmes frappée de voir le capitaine Süssdorf, leur chef, monté sur un ravissant petit cheval arabe gris pommelé, aux formes sveltes et élégantes, contrastant avec les montures ordinaires des officiers allemands. Nous apprîmes alors que la jolie bête, si friande de morceaux de sucre, avait appartenu à un défenseur du fort de Lichtenberg, qui l'avait lui-même ramenée de l'Afrique. Mais les aventures

---

[1] *Wie Schloss Lichtenberg zur Ruine wurde*, von Ed. Spach, mit einer Ansicht von Lichtenberg. Strassburg, Heitz 1887.

d'un cheval arabe, sur les flancs duquel ont passé tour à tour le burnous blanc d'un musulman, les pantalons rouges d'un saint-cyrien et l'uniforme vert d'un chasseur wurtembergeois, ne sont rien auprès des vicissitudes de la petite forteresse elle-même.

L'année de la fondation du château est douteuse et se confond avec la légende, où une source et un berger jouent un rôle.

La *Burg* primitive, détruite par un évêque de Metz, fut reconstruite non point par un membre laïque, mais par un représentant ecclésiastique de cette famille seigneuriale qui avait pour armoiries un lion noir sur champ d'argent, entouré de rouge et surmonté d'un cou de cygne. La maison des Lichtenberg a compté à la fois des guerriers redoutés et redoutables, à l'instar du roi des déserts, et des hommes d'Église auxquels le cou de cygne sert peut-être de symbole. Ces derniers ne reniaient pas pour autant le lion, à preuve que le plus célèbre d'entre eux, l'évêque *Conrad de Lichtenberg*, celui-là même qui conçut le plan grandiose de la cathédrale de Strasbourg et scella la première pierre de la tour, mourut en combattant et repose dans la chapelle Saint-Jean du noble édifice, sous un cénotaphe où il est représenté les pieds couchés sur un lion.

Trois Lichtenberg occupèrent le siège épiscopal, et le dernier, Jean, agrandit encore les possessions de l'évêché et obtint pour lui-même et ses successeurs le titre de landgrave d'Alsace. Les Lichtenberg étaient aussi protecteurs de l'abbaye de *Neuviller*, petite ville où se rencontrent des beautés architecturales de premier ordre, mais qu'il ne nous est pas possible de faire rentrer dans les limites de notre travail, malgré l'impression très vive qu'elles nous ont laissée.

Pour pénétrer dans la ruine de Lichtenberg, à laquelle on arrive en montant une rampe escarpée, il faut avoir soin d'aller auparavant se munir au village de la clef. Pendant que l'un des nôtres se charge de cette commission, nous prenons les devants, en remémorant les principaux événements dont ces lieux ont été les témoins, depuis les guerres de succession au trône impérial, sous Adolphe de Nassau, jusqu'aux conflits sanglants avec les villes d'Alsace, les Fleckenstein et les Linange.

Mais voici l'ouvreuse, armée de sa clef, on peut bien dire « armée », car cette clef est de proportions monumentales et digne d'avoir été forgée par Vulcain en personne.

Avez-vous fait la remarque qu'une ruine dans

laquelle on pénètre par une porte, où il faut entendre un grincement de serrure, a quelque chose de plus sombre et rébarbatif qu'un de ces vieux châteaux ouverts à tous venants, plantes, bêtes et gens ? Cela vous donne froid, cette entrée mystérieuse, ce grand couloir souterrain taillé dans la pierre, où vous entendez résonner le bruit de vos pas et qui a l'air de vous mener dans une prison sans issue. Cependant, vous êtes agréablement surpris en trouvant au bout de belles terrasses superposées toutes verdoyantes et fleuries, qui s'ingénient à atténuer la tristesse des choses abandonnées.

Visitons d'abord la chapelle, datant du quinzième siècle, et les fragments des tombes mutilées des anciens seigneurs qui s'y trouvent. Plus loin, sous le magasin à poudres, on nous montre le gîte qui servit, selon la tradition, de cachot au chevalier condamné par son frère à mourir de soif, fait dont nous avons parlé à propos du Fleckenstein. Cette légende n'a pas de fond historique suffisamment solide. Quoi qu'il en soit, on voit ici, au point d'intersection des ogives de ce réduit, des figures naïvement sculptées, mais rendant admirablement l'expression de douleur d'un supplicié et le représentant à différents degrés de dépérissement et de misère. Est-ce fantaisie d'artiste, imagination grotesque ou réminiscence de quelque drame secret? Les actes inhumains étaient trop fréquents au moyen âge pour qu'il soit possible d'opposer un démenti absolu à celui-là. Les seigneurs de Lichtenberg ne se distinguèrent, pas, du reste, par leur valeur morale, comme nous l'avons vu en parlant de la Lise de Steinbach et le constaterons encore à propos de Barbe d'Ottenheim. Ils ne furent pas davantage chevaleresques envers leurs alliés, ni généreux envers leurs prisonniers.

Il en est tout autrement de leurs héritiers et successeurs, les *Comtes de Hanau*. C'est à eux aussi que remonte la prospérité du pays, bien que leur règne ait coïncidé avec les époques les plus désastreuses et les plus tourmentées de notre histoire.

Partagé d'abord entre les familles de Hanau et de Deux-Ponts, le patrimoine des Lichtenberg revint plus tard tout entier à la première de ces maisons et s'augmenta encore considérablement. A la Révolution française il se composait, en Alsace, de 10 bailliages, ceux de Westhofen-Ballbronn, de Wolfisheim, de Brumath, de Kutzenhausen, de Bouxwiller, d'Ingwiller, de Pfaffenhofen, de Wœrth, de Hatten et de la prévôté d'Offendorf, sans compter les bailliages de Willstætten et de Lichtenau situés sur territoire badois, et qu'il ne faut pas confondre avec le pays de Hanau alsacien.

Nous avons raconté ailleurs [1] quel deuil public provoqua la mort du dernier comte de Hanau, *Jean-René III*, qui s'éteignit le 28 mars 1736. Sa fille avait épousé le landgrave de Hesse, Louis VIII. Ayant soutenu la France après 89, ce prince obtint de Napoléon Ier des terres sur territoire allemand, en dédommagement de ses possessions alsaciennes. Il échangea également le titre de landgrave contre celui de grand-duc et acquit le droit de se faire rendre des honneurs royaux.

Mais poursuivons notre visite du château de Lichtenberg, et arrêtons-nous à un puits très remarquable, dont la margelle, la traverse et les poteaux sont couverts d'ornementations sculptées de style Renaissance. Comme nous nous penchons pour en voir le fond, et n'y parvenons guère, vu l'obscurité, un de nos compagnons allume un papier et le jette dans l'ouverture. La flamme légère descend lentement en zigzags, jetant une clarté indécise, mais suffisante cepen-

[1] *Grétel*, récit alsacien. Paris, Bonhoure, 1878.

dant pour laisser admirer ce bel ouvrage taillé dans le roc; puis elle crépite, vacille à mesure qu'elle s'enfonce, jette encore un dernier reflet en tombant sur l'eau noire, et finit par se mourir comme à regret. N'est-ce pas là l'histoire de toutes ces familles princières, propriétaires disparus de nos vieux châteaux?... Un peu d'éclat, un peu de gloire... puis la décadence, la nuit.

Montons maintenant sur la tour supérieure pour en examiner le vaste et beau panorama, et y saluer les collines de Niederbronn, de Saverne, de la Petite-Pierre, et, au loin, la cathédrale de Strasbourg, qui semble envoyer un bonjour amical au château de son fondateur.

A nos pieds, le petit village de Lichtenberg, dont l'existence n'est pas antérieure à la Révolution française, et, plus bas, dans la vallée, Reipertswiller, où est enterré Jacques de Lichtenberg. O vallées fraîches, forêts épaisses, que votre sérénité nous va à l'âme et contrebalance la tristesse des souvenirs et des ruines!

Pendant que la partie masculine et chantante de notre société s'est groupée au haut de la tour et y exécute des quatuors dont l'écho se répercute dans les vieux murs et est porté par le vent de terrasse en terrasse, nous descendons vers le petit village, pour aller frapper à la porte du presbytère et faire la connaissance du pasteur-poète, M. Spach. Nous le trouvons, à cette heure matinale, écoutant les sons qui viennent à lui de la tour du château, et méditant dans son cabinet d'études, près des touffes de ravenelles parfumées de son jardin.

*
* *

La ravenelle (*Goldlack*) est bien la fleur du *Hanauerland*, celle qui, pour nous, en symbolise le mieux l'intime poésie.

Nous ne respirons jamais son parfum si doux, qui ne fatigue pas l'odorat, sans nous reporter à des années écoulées bien chères, et où nous voyions les jeunes paysannes du Hanau en mettre une branche dans leur livre de cantiques, avant de se rendre au temple ou à une fête de missions.

Il faut avoir assisté à une de ces solennités pour pénétrer entièrement dans l'esprit de ce peuple intéressant.

Les cloches sonnent à grandes volées, de tous côtés sur les routes blanches et entre les champs fertiles, ce sont de longs cortèges endimanchés, où l'on distingue l'ancien costume du comté, les jupes rouges bordées de galons de couleur et les larges nœuds couronnant de leur énorme papillon la pointe du bonnet en étoffe pailletée d'or et d'argent.

Au sortir de l'église ces corsages ou *Mütze* disparaîtront pour laisser voir la belle manche de chemise blanche, l'encolure garnie de dentelles et l'élégant petit *Mieder* ou corselet retenant le plastron brodé de paillettes vives.

Pour le travail des champs également, la paysanne a les mouvements plus libres et ne souffre pas de la chaleur, grâce à ce mieder qui lui sied si bien et accompagne toujours une jupe de couleur éclatante.

Le paysan est vêtu d'une grande redingote noire et d'un gilet de drap rouge croisé, à deux rangs de petits boutons de métal. La culotte courte, les guêtres et les redingotes rouges d'autrefois ont été abandonnées, mais on voit encore çà et là le bonnet en fourrure précieuse, orné de passementerie, et le grand feutre à coins relevés qu'on appelait le « fendeur de brouillards » (*Nebelspalter*). Malheureusement, le costume du Hanau a sinon disparu, du moins subi des modifications, et les villages où on le retrouve intégralement deviennent de plus en plus rares.

Il est très curieux de le voir porter par de petits enfants, dont la tête disparaît presque sous le grand nœud et dans les plis du gros fichu enveloppant le cou et les épaules et se nouant sur le dos, et qui donne à toute leur petite personne un air vieillot.

Tous ces auditeurs, venus pour la plupart de très loin, trouvent place on ne sait comment dans l'église ornée de guirlandes et d'inscriptions artistement calligraphiées. La chaire est enlacée, avec beaucoup de goût, d'aubépines fleuries et de touffes de fougères et de genêts. Un missionnaire, revenu des Indes ou de quelque autre pays lointain, y prend place. Dès que l'orateur parle, tout l'auditoire est suspendu à ses lèvres ; on entendrait voler une mouche. Et quand on contemple ces beaux visages aux traits caractéristiques et intelligents, on sent bien qu'il y a là autre chose qu'habitude, tradition, formalisme, que tous ces gens ont des besoins religieux et sont bien réellement venus là pour s'édifier. En effet, le paysan du Hanau est essentiellement conservateur, aussi bien dans ses croyances que dans son costume et ses usages. Aussi tient-il à ses vieux livres de prières, à son catéchisme et à sa liturgie [1], dont on rencontre chez lui de vénérables exemplaires.

[1] Nous possédons un volume de cette antique liturgie datant de 1659, portant les armes des comtes de Hanau-Lichtenberg, les figures de la

Le recueil de cantiques surtout a une place tout à part. La première édition date de 1679 ; la troisième fut publiée en 1736 sous le titre original de « *Colombe roucoulante* »[1]. Le livre de cantiques joue maintenant encore un si grand rôle dans le pays que, lorsqu'un jeune homme et une jeune fille se fiancent, on ne dit pas : « Ils sont promis », ou : « Ils ont échangé l'anneau », mais bien : « Ils se sont donné le cantique », et ce cadeau est, en effet, le premier que la future épouse reçoive de celui qui aspire à sa main.

Rien d'étonnant si, dans cette contrée privilégiée, le dimanche est scrupuleusement observé.

Discipline et de la Piété, la devise: *Nobis oculorum loco vel ductor noster* et une inscription hébraïque. La prière pour le souverain y a été modifiée si souvent qu'il existe à son emplacement une série de cachets ayant servi à retenir les feuillets substitués les uns aux autres à chaque nouvel avènement.

[1] *Girrendes Täublein*, in einem Gesangbuch alter und neuer geistreicher Lieder, welches auf hohen Obrigkeiten Befehl den ev. Kirchen in der Grafschaft Hanau-Lichtenberg übergeben worden. — N'ayant plus été réimprimé, il est remplacé actuellement par le recueil intitulé *Gesangbuch für Christen Augsburgischer Confession*, donnant les vieux chorals dans leur texte authentique primitif.

Autrefois, la cloche sonnait le samedi, à 3 heures de l'après-midi, et, à dater de ce moment, on cessait tout travail des champs. Le père de famille réunissait le soir tous les siens autour de lui pour lire l'Évangile du lendemain. Cet usage s'est conservé dans beaucoup de familles.

Mais revenons à notre fête de missions, où les discours succèdent aux discours, sans que personne trahisse la moindre lassitude ou la moindre impatience. Ils sont coupés par des chants, entonnés non du bout des lèvres, comme dans nos cités, mais à pleine poitrine.

Nous ne savons rien de beau, d'édifiant, de fortifiant comme de joindre sa voix à celle de ces grandes assemblées chantant nos incomparables chorals avec un entrain qu'on ne rencontre nulle part ailleurs. Ah ! quelle sève, quelle vigueur il y a dans ces accents émus et vibrants, dans ces cris de foi partis du cœur même des ancêtres persécutés ! Ne devrions-nous pas nous les approprier, comme le font les habitants du Hanau, dont ils sont la force dans la vie et la consolation dans la mort ? Puissent-ils remonter dans notre souvenir aux heures de lutte et de souffrance, et répandre abondamment dans nos âmes les divines promesses !

L'assemblée se sépare aux sons d'un dernier

hymne, résonnant dans l'église rustique comme un écho des siècles de ferveur et de foi :

>En avant, en avant!
>Sion, courage ! En avant !
>Fais rayonner ta lumière,
>Prie et combats ! En avant !
>Tiens bien ferme ta bannière !
>En avant ! en avant !
>Sion, courage ! En avant !

Les baptêmes ont lieu, dans le Hanau, huit jours au plus après la naissance de l'enfant, et, à cette occasion, les parrains et marraines offrent à leur filleul un papier replié contenant des dessins et une strophe pieuse portant le nom de *Gœttelbrief*.

Lors des mariages, au moment où le jeune couple va partir pour l'église, quelque parente respectable, mère-grand ou vieille tante (*Base*), lui adresse, sur le seuil de la maison, un petit discours plein de sérieuses exhortations.

Cela n'empêche pas les noces d'être très gaies, d'une bonne gaîté honnête, et de durer trois jours au moins. La quantité de viande, de vin et de pâtisseries qu'on y absorbe est vraiment phénoménale. C'est qu'il est d'usage de faire la part du pauvre et de déposer, non pas les reliefs du festin, mais les premiers morceaux cuits, dans les maisons des plus indigents de la paroisse.

Les invitations sont faites quelques semaines à l'avance par les *Brutführer* ou garçons d'honneur, portant un petit tablier en mousseline blanche brodée, présent de quelque jolie payse, et dont ils se ceindront encore pendant le repas de noces pour servir les convives, tandis que les jeunes filles restent assises devant leur assiette, un beau bouquet de romarin planté dans leur verre.

Quand on a été invité à un repas de noces ou de baptême, il faut bien se garder de s'y rendre avec trop d'empressement et attendre qu'on vienne, au moment de se mettre à table, renouveler la prière de se joindre aux convives. Et une fois là, il s'agit encore de s'asseoir avec la dignité et les formes voulues. Les mets aussi sont fort espacés les uns des autres ; le repas dure souvent six à sept heures et est assaisonné de chants d'un rhythme étrange et d'une poésie naïve.

Ce sont ces mêmes chants qu'on entend les soirs d'hiver, à la veillée ou *Maistube*, tandis que les rouets bourdonnent ou ronronnent à l'envi [1].

[1] L'usage du rouet se perd peu à peu, et l'on se contente d'envoyer le chanvre dans des fabriques, d'où il revient sous forme de toile plus ou moins solide.

Les vieilles légendes ont alors aussi leur tour et donnent aux enfants des frisssons d'effroi.

* * *

Parmi ces légendes, celles qui ont le premier rang se rapportent au *Bastberg*, montagne riche en fossiles et en mines de lignite pyriteux, qui avoisine Bouxwiller et domine la campagne environnante de sa coupole arrondie.

Le Bastberg, ancien lieu de culte druidique, a conservé le caractère mystérieux et inquiétant particulier à ces centres celtiques, où la malédiction des sanglantes saturnales païennes semble s'être perpétuée dans les traditions populaires modernes. Il tire son nom, non pas de Bacchus, ainsi qu'on l'a prétendu, mais plutôt de saint Sébastien, le martyr invoqué pour conjurer les incantations et les sorts funestes des sorcières qui s'y donnaient rendez-vous.

Gœthe nous raconte dans une de ses œuvres l'impression qu'il reçut au haut de cette montagne, « en considérant ce petit paradis », ainsi qu'il appelle les environs de Bouxwiller.

« Cette cime, formée entièrement d'amas de coquillages, attira pour la première fois mon attention, dit-il, sur ces documents des temps préhistoriques ; je ne les avais jamais vus réunis en quantités semblables. Mais mon regard avide et curieux fut bientôt absorbé uniquement par la vue. On est placé là sur un dernier promontoire s'avançant dans la plaine ; vers le nord s'étend une surface de champs fertiles, coupée de bouts de forêts et bornée par une autre chaîne aboutissant à Saverne. On distingue le palais épiscopal et l'abbaye de Saint-Jean, située à une lieue de là environ. Se tourne-t-on vers le nord-est, on aperçoit le château de Lichtenberg sur sa base de roc, et, vers le sud-est, le regard glisse sur les vastes surfaces planes dont les lignes vont se confondant de plus en plus à nos yeux, jusqu'aux montagnes souabes qui se perdent à l'horizon dans un contour gris-blanc vaporeux. »

* * *

Nous ne passerons pas outre sans avoir rendu visite à Bouxwiller, le centre du Hanau, la petite cité industrielle et prospère, célèbre par son gymnase, fondé en 1612 par le comte *René Ier*, et où beaucoup d'hommes distingués d'Alsace ont fait leurs études. Il s'y trouve aussi un hôpital d'origine très ancienne, que les misères de la Guerre des paysans engagèrent le comte *Philippe III* à agrandir (1525).

Il ne reste que de rares vestiges de l'ancien château des comtes de Hanau, cette résidence splendide, composée de plusieurs corps de bâtiments, de jardins descendant en terrasses et d'une belle orangerie, et auquel on donnait dans le pays le nom de *Petit Versailles*. Les orangers furent offerts en cadeau à l'impératrice Joséphine par la ville de Bouxwiller et peuvent être encore aujourd'hui admirés dans notre Orangerie, à Strasbourg.

La demeure seigneuriale, inhabitée depuis la Révolution, tomba peu à peu en ruines, et ces ruines servirent de matériaux à d'autres constructions, tandis que les jardins étaient dévastés et les statues mutilées.

Entre les scènes historiques qui se groupent autour de la résidence princière, connue déjà du temps des Romains et désignée en l'an 724 sous le nom de *Bunosvillare*, nous choisirons celle qui nous paraît la plus propre à caractériser l'habitant du Hanau et surtout les femmes de ce pays.

Jacques de Lichtenberg s'était, comme son grand-oncle Jean ou Hanemann, laissé séduire par une de ces beautés funestes, qui sont la perte de ceux qu'elles savent enjôler. *Barbe d'Ottenheim*, femme capricieuse et volontaire, avait été installée au château même de Bouxwiller et s'y faisait haïr de tous les habitants par ses exigences exorbitantes. Entre autres corvées elle imposait aux bourgeoises celle de lui filer du chanvre, de lui faire des chandelles et de lui apporter chaque soir la crème de toutes les vaches de la petite ville. Elle allait même jusqu'à exiger le lait des nourrices, qu'elle employait à l'on ne savait quels sortilèges et manipulations secrètes. Les récalcitrants étaient jetés en prison ou fouettés jusqu'au sang. Quelque habitué qu'on fût alors au servage féodal, la population s'insurgeait en silence, mais n'osait encore laisser éclater sa sourde colère. Un jour que la *méchante Barbe*, comme on l'appelait, avait fait publier un ordre plus outrecuidant que les autres, les hommes se rassemblèrent pour délibérer et décidèrent d'aller demander du secours au comte Louis dans son château de Lichtenberg. Ce dernier, exaspéré lui-même des folies de son frère, se déclara prêt à entrer en campagne contre lui.

Dans l'intervalle Jacques et Barbe ont fait fermer les portes de la ville, pour empêcher le retour des maris insurgés, pensant avoir facilement raison des femmes seules. Mais nos braves citoyennes ne l'entendent pas ainsi et se rassemblent sur la place publique, prêtes à se défendre. Chacune d'elles s'empare de la première arme venue ; l'une brandit une broche à rôtir, l'autre une fourche, la troisième un gourdin, et ainsi de suite. Alors elles se précipitent vers le château, en forcent les portes et en chassent la méchante Barbe. Aussi, quand Ludemann et les maris arrivèrent avec de lourds canons et tout un attirail guerrier, ils furent fort étonnés de se voir ouvrir les portes par les femmes victorieuses. Le *Weiberkrieg*, ainsi qu'on appelle cet épisode, se termina par un traité favorable aux habitants et l'exil de la femme cruelle, cause de tous ces troubles, et qui fut brûlée un peu plus tard comme sorcière à Haguenau.

. * .

Nous allons, avant de dire adieu au *Hanauerland*, faire encore un petit arrêt à *Ingwiller*, ancienne station romaine sur la Moder, commandant la route de Wasselonne à Bitche, et qui servit de quartier général à Turenne pendant la guerre de Flandre.

Ce n'est pas de la ville elle-même que nous voulons parler, mais bien de l'*Asile du Neuenberg*, fondé en 1877 par le regretté pasteur Herrmann, mort le 29 février 1893, après un long ministère de fidélité à son Dieu et de dévouement à son prochain.

Qu'elle est riante la maison aux volets verts, adossée à la colline et entourée de beaux arbres pressés de grandir et de donner le plus d'ombre possible aux malades et aux convalescents qui prennent l'air dans la cour ! Un ordre parfait y règne et les sœurs au bonnet blanc en forme de fanchon et à la pèlerine noire vont et viennent du jardin à la cuisine, de la lingerie aux chambres des pensionnaires ou à l'infirmerie. Plusieurs Italiens malades ou blessés reçoivent des soins dans ce local et devisent entre eux dans leur langue harmonieuse et rapide, avec un air de parfaite satisfaction.

Ici, c'est un pauvre épileptique qui vient d'avoir son attaque et semble terrassé par le mal terrible dont il souffre ; là, c'est une bonne vieille qui se chauffe au soleil, appuyée contre des oreillers ; ailleurs une brave couturière qui raccommode les bas des pensionnaires.

Dans l'étage supérieur tout est prêt à recevoir, aujourd'hui même, la première cohorte des *Colonies de vacances*. Oh ! qu'ils seront bien là, les pauvres chéris, dans ces galeries ensoleillées, ce beau jardin, et autour de ces tables où le couvert leur sera mis par les jeunes *tantes* dévouées, qui viendront s'offrir bénévolement à les servir et à les accompagner dans leurs promenades ! Et, surtout, qu'ils dormiront paisiblement dans ces petits lits proprets, faisant penser à ceux des nains de la montagne ! La gentille princesse du conte de fées s'y étendrait sûrement avec plus de plaisir encore que dans les couchettes des nains, et aimerait à faire la dînette avec eux ! Et si les comtes de Hanau, si charitables, si soucieux du bien-être de leurs sujets, revenaient aujourd'hui, ils se réjouiraient de voir que leur pays n'a pas encore dérogé, et garde pieusement tout ce que le passé avait de bon.

X.

SAVERNE

« Quel beau jardin ! » — Des murailles-calendrier. — Magnificence des princes-évêques. — Le cardinal Louis-René de Rohan et Cagliostro. — Au sommet du Haut-Barr.

AVERNE ! Il n'est guère, en Alsace, de nom qui résonne plus harmonieusement à nos oreilles, ait inspiré des travaux plus érudits que ceux de *Dagobert Fischer*, des pages plus éblouissantes d'esprit que les ouvrages d'*Edmond About*, et fasse parler aussi haut la grande voix de l'histoire dans le cadre d'une nature aussi riante.

« Quel beau jardin ! » s'écriait Louis XIV, en visitant ce pays où toutes les bonnes fées semblent s'être donné le mot pour répandre à profusion des présents de marraines prodigues.

Quel beau jardin ! répétons-nous à notre tour en parcourant cette contrée classique, ces montagnes peu élevées, mais si agréablement boisées, où les vieilles ruines sont piquées comme des bijoux dans une toilette printanière, ces vallées proclamant au loin la réputation de l'industrie alsacienne, et la ville de Saverne elle-même, avec ses bâtiments anciens, portant souriants le poids d'un grand passé, et ses villas modernes, échelonnées comme des terrasses fleuries au penchant des collines.

Oui, c'est un vrai jardin, soit que nous venions de Strasbourg, en remontant la vallée de la Zorn, et longions le canal de la Marne-au-Rhin, soit que nous arrivions de Paris par la fameuse « trouée des Vosges » et admirions les lacets de cette route qui avait fait, lors de sa construction, adopter par les femmes françaises une « coiffure à la Saverne », soit enfin que notre itinéraire nous amène par Molsheim et la vallée de la Couronne, où la voie ferrée côtoie les charmantes villes de Marlenheim, Wasselonne et Marmoutiers, et nous offre, par ses travaux d'art, ses viaducs et ses tunnels, les aspects les plus variés et les plus saisissants.

* * *

A quelque époque de l'histoire de Saverne que nous nous reportions, la scène est grandiose, épique.

Tres Tabernœ, la ville aux trois enceintes, est déjà du temps des Romains le grand point d'observation, le défilé des Vosges servant aux migrations des peuples, aux invasions conquérantes. La première, celle des Allémans, laisse Saverne en ruines. Julien l'Apostat le reconstruit en 357. Mais d'autres hordes germaines ayant renversé de nouveau ces pauvres murs, qui devaient être tant de fois pris et repris dans le cours des siècles, ce n'était pas trop, pour entourer la charmante cité, d'une muraille tout exceptionnelle, portant autant de tours que l'année compte de semaines, et de créneaux qu'elle a de jours, ce qui faisait dire aux anciens : « Saverne a été bâti d'après le calendrier. »

Grande époque que celle où les successeurs de Dagobert, subissant le prestige de notre Alsace, viennent y fixer leur résidence. C'est d'eux que la vallée de la Couronne (*Kronthal*), appelée aussi vallée de la Mossig tire son nom. *Childebert II* se construit un palais à *Marlenheim*, et l'on retrouve encore à *Kirchheim* les vestiges d'une autre résidence royale. Les habitants du pays ont même conservé le nom de *Daberts-saal* (salle de Dagobert) à l'une de ces ruines, où la fille aveugle et muette de Dagobert II fut, selon la tradition, guérie par saint Florent, le patron de Haslach.

Et, ne nous semble-t-il pas voir en esprit

Quatre bœufs attelés d'un pas tranquille et lent,
Promener........

dans Saverne, ou Marlenheim, ou sur les riants coteaux boisés qui couvrent le pays

........le monarque indolent?

Les Carlovingiens n'ont pas moins d'attrait pour ces belles contrées, et *Charles-le-Chauve* se repose ainsi que son armée à Saverne, avant d'aller prêter, à Strasbourg, avec son frère *Louis*, le fameux serment d'alliance contre *Lothaire* (14 février 842).

En 923, *Henri l'Oiseleur*, voulant réunir l'Alsace à l'Empire germanique, se saisit de la forteresse de Saverne et la défend contre l'évêque de Metz, *Wigerich*, agissant au nom du roi de France, *Raoul*. Saverne est réduit à la dernière extrémité, pris et rasé, et reste sous la domination de l'évêché de Metz, jusqu'à ce qu'il fasse partie du duché de Souabe et d'Alsace. Il finit par trouver au treizième siècle, sous la suzeraineté des évêques de Strasbourg, une prospérité et une stabilité relatives, bien que partageant les misères du reste de l'Alsace pendant l'invasion des *Armagnacs* et surtout lors de la *Guerre des paysans*. La ville, occupée par les malheureux égarés, fut assiégée (1525) par *Antoine de Lorraine* et servit de théâtre à un de ces massacres que la plume se refuse à décrire et auquel l'histoire a conservé le nom de *Bain de sang*. En effet, sur 16,000 vaincus écrasés, 3000 cadavres restèrent sans sépulture !

Ce siège mémorable fut suivi de beaucoup d'autres pendant et après la guerre de Trente Ans. C'est toujours aux murailles de Saverne que s'en prend *Mansfeld* à deux reprises en 1622 ; la ville reste aux Impériaux. Nouveaux sièges en 1636 par *Bernard de Saxe-Weimar*, en 1650 par les Français qui restituent la place aux évêques. Mais *Turenne*, en 1674, s'en empare soi-disant pour en relever les fortifications. En 1675, c'est *Montecuculli* qui y dresse ses batteries, et, enfin, en 1676, le prince *Charles de Lorraine* s'acharne contre la pauvre ville, que les *Pandoures*, guidés par le fameux *Trenck*, devaient piller de fond en comble pendant les guerres de succession d'Autriche. Et voilà à quoi il sert d'avoir des fortifications, dussent-elles même passer pour un modèle du genre et être dressées d'après le calendrier !...

* * *

Jamais princes temporels ne déployèrent plus de faste que les puissants dignitaires ecclésiastiques dont Saverne était la résidence de prédilection. On croit lire un conte des *Mille et une nuits* en parcourant cette histoire et surtout ce qui touche aux quatre prélats de la maison de Rohan.

Le premier en date, *Armand-Gaston de Rohan-Soubise*, mort en 1749, était, nous dit *Saint-Simon* dans ses *Mémoires* « le plus beau cardinal du Sacré Collège... né avec de l'esprit naturel qui paraissait au triple par les grâces de sa personne... Le soin de sa beauté avait été jusqu'à se baigner souvent dans du lait pour se rendre la peau plus douce et plus belle (pendant un séjour qu'il fit à Rome)..... Quelque secret qu'il y eût apporté, la chose avait été sue avec certitude et avait indigné les dévots [1]. »

Le malicieux chroniqueur nous conte d'une

[1] *Mémoires de Saint-Simon*, T. XII, p. 260, cités par Aug. Krœber, *Revue d'Alsace*, mai 1870.

façon piquante les expédients auxquels on eut recours, vis-à-vis du chapitre de Strasbourg, pour établir les seize quartiers de noblesse exigés du dignitaire :

« Prince avec sa maison, par la grâce du roi et la beauté de sa mère... il se voyait, avant quarante ans, évêque de Strasbourg et cardinal, avec plus de quatre cent mille livres de rentes, le goût des plaisirs et de la magnificence [1]. »

Peu de cours de l'époque eussent été capables de lutter avec celle de Saverne en fait de luxe, d'éclat, de grandeur. « Les voyageurs de tous les pays y recevaient l'hospitalité. Le maître de poste avait l'ordre de les conduire au château ; et, nous dit M. Tissot, plus d'un voyageur y fut traîné et comme contraint de venir admirer de plus près l'homme aimable qui avait rempli l'Europe de sa magnificence. »

C'était de tradition à Saverne, du reste, et Gérard nous raconte, dans son *Alsace à table*, comment un prédécesseur du cardinal de Rohan, l'évêque *Jean de Manderscheid*, reçut à la Saint-Martin 1578 les représentants de la ville libre de Strasbourg, chargés de recevoir son serment.

[1] *Mémoires de Saint-Simon*, T. VI, p. 416-417.

« Ce furent quatre jours de bombance plénière ; messieurs de la ville passaient d'un repas à l'autre. A peine avaient-ils déjeuné que les pages les cherchaient pour le dîner ; la fatigue du dîner n'était pas encore dissipée dans les douceurs d'une courte sieste que les officiers de l'évêque les conviaient au souper qui les attendait. »

Jean de Manderscheid, qui était du reste fort tolérant et avait fait appeler un pasteur luthérien au chevet de sa mère mourante (1572), savait à l'avance qui l'emporterait dans cette inégale joûte pantagruélique.

« Il fit placer, raconte l'un des délégués strasbourgeois, d'abord une grande canette de bois tourné à vaste embouchure et de la hauteur d'un demi-boisseau ; elle était remplie de vin dans lequel étaient immergés des quartiers de poires confites. Sa Grandeur en tira un quartier avec une fourchette d'argent, le mangea et fit passer le vase à ses convives. Pendant qu'il circulait à la ronde, les pages apportèrent deux cruches en grès de Cologne, chacune de la contenance de six pots ; l'évêque but le premier coup dans chacune d'elles et les fit passer aux assistants qui burent à leur tour. Après ces éprouvettes initiales, on apporta les coupes et les gobelets en vermeil que les pages remplirent sans discontinuer de *Lüppelsberger* et d'autres vins rares et délicieux. »

Mais les bons citadins n'étaient pas de force à tenir tête à l'évêque et à faire partie de cette fameuse *Confrérie des Buveurs*, instituée par les prélats, se réunissant au château de Haut-Barr et où l'on n'était admis qu'après avoir bu d'un seul trait le contenu d'un hanap célèbre, orné de devises latines et conservé à Saverne jusqu'à la Révolution. Aussi, avant la fin de la soirée, fallut-il à chacun de nos Strasbourgeois deux gentilshommes pour l'aider à regagner sa chambre.

Le comte de Bassompierre raconte dans ses *Mémoires* qu'il s'en tira plus mal encore, et dut expier les épreuves de la Confrérie de Saverne par cinq jours de maladie. Il en prit un tel dégoût des boissons alcooliques qu'il n'en put, pendant des années, approcher de ses lèvres ni sentir l'odeur. Héroïque mais dangereux remède! Est-il à recommander à la *Société de la Croix bleue* ?...

Le dernier des quatre princes de Rohan qui occupèrent le siège épiscopal de Strasbourg, *Louis-René*, continua et dépassa, si possible, le faste de son oncle. Il embellit encore la résidence de Saverne, fit des jardins et de la Faisanderie des lieux enchanteurs, et orna ses salons de tout ce que les artistes de l'époque et les manufactures des Gobelins pouvaient offrir de plus riche et de plus rare.

On rencontrait chez lui une société choisie, tout ce que l'Alsace comptait alors de personnages distingués ou illustres, de fonctionnaires de haut rang. C'étaient les marquis de Paulmy et de Voyer-d'Argençon, les barons de Gail, de Wangen, de Berckheim, Zorn de Bulach, le général Kellermann, l'historien Grandidier et le maire de Strasbourg, Frédéric de Dietrich, qui devait tomber victime de son libéralisme sous la Terreur.

A cette société d'élite [1] se mêlait un étrange personnage, un aventurier célèbre, *Cagliostro*, qui sut, par la puissance magnétique de son regard, son aplomb, son luxe, ses largesses et ses prétendus miracles, capter la confiance des Alsaciens et tromper jusqu'au sérieux et honnête physionomiste Lavater.

Voici en quels termes la baronne d'Oberkirch nous raconte, dans ses *Mémoires* si captivants et

---

[1] Voir *les Salons du prince-cardinal de Rohan au château de Saverne* (1781-1784), par *Sabourin de Nanton. Revue d'Alsace* 1872 (avril-mai-juin).

si sincères [1], les relations du cardinal avec ce thaumaturge habile :

« Aussitôt après notre arrivée nous fûmes rendre nos devoirs à Son Eminence le cardinal de Rohan, prince-évêque de Strasbourg..... Il a bâti et arrangé à Saverne une des plus charmantes résidences du monde. C'est un beau prélat, fort peu dévot, fort adonné aux femmes, plein d'esprit et d'amabilité, mais d'une faiblesse, d'une crédulité qu'il a expiées bien cher et qui ont coûté bien des larmes à notre pauvre reine dans la misérable histoire du Collier. »

Interrompons ici notre citation pour rappeler brièvement les faits.

On sait que le cardinal, irrité de la froideur de Marie-Antoinette à son égard avait cru arriver à gagner ses faveurs par l'entremise d'une intrigante, une soi-disant comtesse de Lamotte, qui le trompa audacieusement, sous prétexte de le rapprocher de la reine, et l'amena ainsi à l'achat du fameux collier. Les Lamotte s'en saisirent et en vendirent les diamants. Quand la fraude fut découverte, le cardinal n'était pas en mesure

---

[1] *Mémoires de la baronne d'Oberkirch sur la cour de Louis XVI*, tome I, p. 127 et suivantes.

d'acquitter le prix du collier [1] et la reine, indignée de l'abus fait de son nom et de l'offense infligée à son honneur, laissa libre cours à la justice. Ce triste procès, dont le cardinal se tira, grâce aux puissantes influences de sa famille, est considéré comme une des causes indirectes de la Révolution.

« Le cardinal, continue Mad. d'Oberkirch, menait un train de maison curieux et invraisemblable à raconter... Il sortait (à ce moment-là) de la chapelle en soutane de moire écarlate et en rochet d'Angleterre d'un prix incalculable... un de ses moins beaux, nous dit l'abbé Georgel, son secrétaire [2]. Le cardinal portait à la main un missel enluminé, meuble de famille d'une antiquité et d'une magnificence uniques; les livres imprimés n'étaient pas dignes de lui. Il vint au-devant de nous avec une galanterie et une politesse que j'ai rarement rencontrées chez personne... Une conversation intéressante commença ; j'y prenais un grand intérêt, le cardinal étant fort instruit et fort aimable. Elle fut interrompue tout

---

[1] Bordier et Charton nous donnent, dans leur *Histoire de France*, t. II, p. 403, une reproduction de ce bijou.

[2] Exilé plus tard au château de Bruyères, dans les Vosges.

à coup par un huissier, qui ouvrit à deux battants la porte et annonça :

« — Son Excellence M. le comte de Cagliostro.

« Je tournai promptement la tête. J'avais entendu parler de cet aventurier... et restai stupéfaite de le voir entrer ainsi chez l'évêque, de l'entendre annoncer avec cette pompe, et plus stupéfaite encore de l'accueil qu'il reçut. »

Cagliostro s'étant permis de prononcer sur Mad. d'Oberkirch un de ces oracles dont il était coutumier, et celle-ci, étonnée de son audace, se taisant :

« — Répondez, Madame, reprit le cardinal d'un air suppliant.

« — Monseigneur, Mad. d'Oberkirch ne répond, sur pareilles matières, qu'à quelqu'un qu'elle a l'honneur de connaître, répliqua mon mari d'un ton presque impertinent.

« ... Le cardinal, embarrassé, accoutumé à trouver partout des courtisans, ne sut quelle contenance tenir ! »

Il insiste, affirmant qu'« il n'y a ni péché ni inconvenance » à s'occuper de pareilles choses et que, « d'ailleurs, il a des absolutions toutes prêtes pour les cas réservés.

« — Je n'ai pas l'honneur d'être de vos ouailles,

Monseigneur, interrompit M. d'Oberkirch avec un reste de mauvaise humeur.

« — Je ne le sais que trop, Monsieur, et j'en suis marri ; vous feriez honneur à notre Église. Madame la baronne, dites-nous si M. de Cagliostro s'est trompé, dites-le nous, je vous en prie.

« — Il ne s'est pas trompé en ce qui concerne le passé, répliquai-je, entrainée par la vérité.

« — Et je ne me trompe pas davantage en ce qui concerne l'avenir, répondit-il d'une voix si cuivrée qu'elle retentit comme une trompette voilée de crêpe.

«... Le cardinal restait bouche béante, visiblement subjugué par cet habile jongleur. »

Quelques jours plus tard, invitée à la table du cardinal, Mad. d'Oberkirch y rencontre encore Cagliostro.

« Nous étions une quinzaine de personnes et le cardinal ne s'occupa que de moi. Il mit une coquetterie raffinée à m'amener à sa manière de voir.. Il est certain que si je n'avais pas dominé le penchant qui m'entraîne vers le merveilleux, je fus devenue moi-même la dupe de cet intrigant (Cagliostro).

« .... C'est qu'il y avait en lui une puissance

démoniaque, c'est qu'il fascinait l'esprit, c'est qu'il domptait la réflexion.

« Le cardinal de Rohan perdit plus tard des sommes prodigieuses avec ce *désintéressé* », dit en manière de conclusion Mad. d'Oberkirch. « Quelle position il a gâtée... Il l'expie cruellement. »

Et, en effet, le malheureux prélat, déchu de sa gloire, montra dans l'adversité des qualités qu'il n'avait pas eues en des temps plus prospères, et alla mourir tristement à Ettenheim, le 17 février 1802.

* * *

Le palais des Rohan, incendié en partie en 1779, devenu caserne sous la Révolution, fut donné à la Légion d'honneur, qui le laissa tomber en ruines, puis fut affecté au séjour des veuves de fonctionnaires et d'officiers. Napoléon III l'appropria comme lieu de séjour et lui fit retrouver comme un pâle reflet de son ancienne splendeur. Mais les objets artistiques et jusqu'aux belles ferrures avaient disparu ; les jardins s'étaient dégradés et avaient été partagés en lots.

Aujourd'hui, nous ne rencontrons dans ces

lieux que des casernes et des bâtiments administratifs que nous n'essayons pas de visiter.

A la recherche du sacristain, auquel nous voulons demander de nous montrer le musée, nous pénétrons, derrière l'église, dans un vieux bâtiment à escalier tournant, imprégné d'un parfum prononcé de moyen âge, et voyons, au fond d'un couloir sombre, se dessiner la blanche cornette d'une religieuse. Nous nous sommes trompés d'adresse, et arrivant enfin à la porte du sacristain, nous apprenons que le musée n'est pas visible ce matin, vu l'heure des offices.

Il nous faut renoncer à visiter les objets qui serviraient d'illustration aux événements dont nous venons de parler ; nous ne pouvons davantage pénétrer dans les églises remplies de fidèles ; aussi, après nous être contentés de parcourir la ville et d'admirer quelques maisons de pur style gothique, nous prenons la direction du Haut-Barr.

Nous y voici arrivés par un chemin sablonneux, facile, riant, en grande partie ombragé. Au-dessus de l'entrée du château se trouvent, taillées dans la roche et mutilées, les armoiries des évêques de Strasbourg et de la famille de Manderscheid, avec une inscription portant que

Jean de Manderscheid-Blankenheim releva, en 1583, ce château dégradé, « afin de protéger ses sujets, et non comme une menace d'inimitié. »

Entrons dans la cour intérieure. Une petite hôtellerie, où l'on peut loger, des tables, des bancs et des halles couvertes invitent les touristes à se rafraîchir. Ce n'est pas notre affaire, malgré l'attrait des beaux ombrages des tilleuls et des accacias, où les fauvettes font entendre leurs concerts.

Nous visitons d'abord la chapelle, qui occupe une place bien secondaire pour appartenir à un château épiscopal.

La tradition prétend que dans le tunnel qui reliait autrefois Saverne au Haut-Barr ont été cachés des trésors et, entre autres, des crucifix et des vases d'autel en or et en argent. Mais, malgré toutes les recherches, toutes les fouilles faites, on n'a su retrouver l'entrée du souterrain, et on peut répéter de ces richesses ce que le vieux troubadour disait en parlant de son cœur à sa belle :

> Verloren ist das Slüsselin
> Drum muss du ewig drinne sîn ! [1]

[1] La clef est perdue, et tu y resteras éternellement.

Nous montons des escaliers en bois solides et bien faits et nous voilà au haut de la ruine, peut-être à l'endroit même où, pendant les guerres de succession d'Autriche, ce jeune berger avait réussi à grimper, — sans escalier, celui-là, — en fuyant les Pandoures, auxquels il envoyait une grêle de pierres, du haut de sa retraite inexpugnable d'écureuil agile[1].

Quel site, quelle vue! et tout cela dans une claire atmosphère de mai, imprégnée du parfum résineux distillé par les jeunes pousses des sapins. Les sorbiers et les fusains fleurissent jusque sur les dernières pointes de roc, sur les murailles les plus inaccessibles. Les murmures du vent dans les graminées, des bourdonnements de mouches affairées et des chants de coucous sonnant le rappel d'une forêt à l'autre remplissent l'air, et répondent à des roulements de tambour et à des sons de clairons, à des fanfares guerrières partant d'un champ de manœuvres, tandis que dans une carrière où l'on fait sauter des roches à la

---

[1] Nous recommandons à ceux de nos lecteurs qui désirent en savoir davantage sur le château, la brochure de l'ex-maire de Saverne, M. Dagobert Fischer, intitulée : *Das Bergschloss Hohbarr*, Saverne, H. Fuchs, 1874.

dynamite, vibre un lointain tonnerre répercuté par les échos.

Nous reposons longtemps nos yeux sur la ville de Saverne ouvrant devant nous son éventail fleuri, sur le Zornhof avec ses hautes colonnes de fumée, sur les cimes environnantes, les chapelles Saint-Michel, Saint-Guy, Wasselonne, Marmoutiers, les contours un peu vagues des Vosges. Sur la surface unie miroitante du canal de la Marne-au-Rhin se découpent de grands bateaux qui semblent immobiles, et rééditent pour nous en partie la fable du *Lièvre et la Tortue*, dans leur lutte inégale de vitesse avec le chemin de fer, filant léger d'un tunnel à l'autre, ou glissant superbe sur le fameux viaduc de seize arches, dont l'effet est curieux vu à 458 mètres d'altitude.

C'est tout ce que nous énumérerons de cet immense panorama dont la description dégénérerait en nomenclature fastidieuse, si nous voulions parler de tous les villages, villes, abbayes, ruines, sommets, etc., qu'on peut voir d'ici. Une table d'orientation est là, du reste, pour les touristes scrupuleux.

Nous nous asseyons au delà du petit pont qui relie deux roches isolées faisant partie du château, et nous songeons, songeons...

Un buisson d'églantines entr'ouvre près de nous ses premières fleurs rosées, et nous envoie son vague parfum.

Les célèbres princes-évêques pouvaient être fiers de leur château-fort, de leur belle ville de Saverne, de leurs richesses et de leurs vins généreux, mais si Salomon dans toute sa gloire n'a pas été vêtu comme le lys des champs, la pourpre des Rohan ne t'a pas égalée non plus, petite rose sauvage découpant tes pétales doucement odorants sur ces ruines !

XI.

DE SAVERNE A WASSELONNE.

*Grand et Petit Geroldseck. — Le Protschberg.
— La maison forestière du Haberacker. —
L'Ochsenstein. — Une ballade de Schiller.*

Une fois sur la montagne, nous nous garderons bien d'en redescendre, et puisqu'un charmant sentier dans les bois nous y invite, nous allons, après le Haut-Barr, visiter, en restant sur les crêtes, ses voisins le *Grand* et le *Petit Geroldseck*.

Ces deux châteaux, qu'il ne faut pas confondre avec le Geroldseck près de Lahr, dans la Forêt-Noire, ont été construits pour protéger l'abbaye de *Marmoutier* (*Mauri Monasterium*). Cette dernière mériterait bien aussi de nous arrêter à cause de la beauté de son église, fondée par saint Léobard, agrandie par saint Maur, incendiée plus tard, puis relevée par le fils naturel de Charlemagne, *Drogon*, évêque de Metz. Marmoutier était le plus ancien monastère d'Alsace et de grandes possessions s'y rattachaient. Elles conservèrent jusqu'à la Révolution le nom de *Marche de Marmoutier*. Après l'extinction, en 1390, de la famille de Geroldseck, les deux châteaux et les terres en dépendant subirent différents partages et mutations entre l'évêché de Strasbourg et l'abbaye. Ce qui n'avait pas été démembré passa par mariage à une branche de la famille de *Wangen* ; elle ajouta dès lors à son nom celui de Geroldseck et est encore une des plus considérées parmi la noblesse alsacienne.

La ruine du *Grand Geroldseck* n'offre pas le même intérêt que celle du Haut-Barr, malgré une table d'orientation si haute qu'il faudrait une échelle ou des échasses pour en profiter. Les arbres, d'ailleurs, ont eu, ce printemps, de si belles poussées qu'ils voilent considérablement la vue. En outre, des pans de murs menaçant ruine et d'autres qui viennent de s'écrouler tout fraîchement, et dont les débris jonchent le sol sous nos pas, nous font craindre de poursuivre nos investigations. Nous laissons donc le Grand Geroldseck à sa solitude, à son passé et à ses mânes d'anciens héros germains. *Arminius* et *Arioviste* sont, effectivement, enchantés là par la puissance souveraine du plus magique des bâtons de fées, la légende locale. Ah! qu'ils restent dans leur immobilité séculaire, ces preux tant chantés, et qu'aucun indiscret n'aille les tirer de leur sommeil !

A travers des bois riants et des tapis de mayenthèmes, de mélempyres et de bruyères, nous arrivons au *Petit Geroldseck*, qui ne présente plus guère qu'une sorte d'abri ou échauguette dans un fragment de tour, percé d'une meurtrière, laissant apercevoir au fond de la vallée *Stambach* et la ligne du chemin de fer.

En route de nouveau, en suivant l'ondulation gracieuse des montagnes ! A un moment donné, en nous retournant, nous voyons les deux ruines que nous venons de quitter se dresser à l'horizon, et le Grand Geroldseck affecter la forme d'une tête de bédouin coiffée du capuchon de son burnous.

* * *

Suivrons-nous maintenant le chemin facile et uni qui conduit au *Schœferplatz* et, de là, à la maison forestière du *Haberacker*, où nous comptons nous reposer avant d'escalader l'Ochsenstein? Ce serait par trop banal, et nous sommes de force à nous permettre un peu d'école buissonnière. Prenons donc, à notre droite, ce poli sentier vert, dont le poteau indicateur porte le nom de *Protschberg*. Protschberg ! ce nom peu musical ne sonne pas très agréablement à nos oreilles, mais nous voulons bien croire notre plus jeune compagnon de route, qui en dit merveille et rêve depuis si longtemps de l'escalader. Soit ! Allons nous assurer que le Protschberg mérite de sortir de l'obscurité, et nous le baptiserons *Mont Henri*, en l'honneur de notre petit guide.

Une vieille légende exerce d'ailleurs, ici encore, son attraction mystérieuse, et là où il y a des légendes, le site est généralement pittoresque.

Nous voilà donc grimpant et nous essoufflant un peu. La fatigue et la soif commencent aussi à se faire sentir. N'importe ! Les bons touristes doivent tous avoir pris la devise que leur recommande Mad. de Gasparin, dont nous déplorons la perte récente, et promettre

De n'avoir jamais faim, jamais froid, jamais chaud !
De prendre tout en bien et de voir tout en beau !

Enfin, nous y voilà ! 536 mètres d'altitude,

c'est déjà gentil. Certes, ç'eût été une grande faute de laisser le Protschberg de côté.

Cette roche, de forme bizarre, semble avoir été, comme tant d'autres de nos sommets vosgiens, un centre de culte druidique, ainsi que l'indiqueraient les excavations ou *cuvettes* creusées dans la pierre.

Le Schneeberg nous apparaît là-haut dans sa beauté, avec sa ceinture vert sombre, et une vraie mer de forêts qui nous en sépare, mariant les teintes claires et foncées en une mosaïque bienfaisante au regard.

Ici, dans la roche même, un sorbier trouve sa nourriture on ne sait comment, et, à travers la verdure des buissons et des bruyères, le mica, qui entre dans la composition du Protschberg, jette des éblouissements. Qu'il fait bon s'étendre là, en s'assimilant le plus de rayons possible de ce bon soleil, dont la chaleur est tempérée par des souffles légers !

Mais il ne s'agit pas de nous oublier ! Descendons vers la grotte que surplombe la roche, et peut-être y rencontrerons-nous l'esprit du Protschberg. Les chercheurs de bois mort prétendent le voir se glisser dans la pénombre. Serons-nous aussi favorisés qu'eux? Certes, le lieu se prête bien à la légende d'un tombeau monumental, où un chevalier chargé du poids de lourds péchés ne saurait trouver le repos et errerait solitaire et silencieux dans les bois.

La roche est plus grandiose encore vue d'en bas, et la grotte elle-même semble un parvis de cathédrale avec ses piliers et ses statues, tant la pierre y présente d'anfractuosités, et tant l'excavation est large et profonde.

* * *

Mais l'heure avance, et nos estomacs commencent à nous crier un peu trop haut les exigences de la « guenille » dont parle Molière. Il est vrai que nous avons encore un bon bout de chemin à faire sur une petite route forestière bordée de beaux chênes et de hêtres géants, avant d'arriver au Haberacker, où nous trouverons le couvert mis. Notre guide, en bon montagnard, est d'avis que nous entreprenions encore pédestrement le siège de l'Ochsenstein avant de goûter une collation et un repos bien mérités. Nous mettons notre véto à ce projet par trop spartiate, et nous sommes heureux de voir apparaître la maison qui nous invite à entrer, et où nous détendons nos membres et apaisons notre soif, tandis que la gentille forestière prépare le dîner.

Le Haberacker, qui figure déjà comme domaine rural dans les vieilles chartes, est un bien joli séjour à recommander aux personnes fatiguées et nerveuses, avides d'air pur, de silence et de solitude silvestre. Des chambres proprettes et très confortablement meublées peuvent y être mises à votre disposition, et, outre la belle ruine voisine de l'Ochsenstein, on y a des buts de promenades et d'excursions nombreux : le pays de Dabo si intéressant, entre autres, et, plus près encore, des roches curieuses, telles que la *Quenouille* (*Spille*), qui dresse sa pointe de roc effilée au-dessus des bois et est considérée par les gens du pays comme le rendez-vous des sorcières. Mais nous sommes bien loin du temps où les quenouilles se changeaient en pierres, et même il n'y aura bientôt plus, chez nous, d'autres quenouilles que celles qu'on conserve dans les familles comme des reliques. En effet, non seulement les sorcières, — s'il en reste, — ne filent plus, mais nos paysannes elles-mêmes se livrent de moins en moins à ce travail.

Plusieurs touristes arrivent de différentes directions, traînant tous plus ou moins la patte. Les uns sont même tellement las qu'ils ont peine à continuer leur course.

Un dîner modeste nous est servi et est com-

plété par du café. Ce café nous cause un moment
d'émotion, le verre où la forestière le versait
ayant éclaté entre ses doigts. Nous lui faisons
appliquer un excellent remède domestique, qui
consiste à couvrir la brûlure de pommes de terre
crues râpées. Cela réussit à merveille, si bien
qu'à notre retour de l'Ochsenstein, un peu plus
tard, nous ne voyons plus trace de la brûlure.

* * *

Histoire intéressante, mais triste aussi, que
celle de ce château vers les ruines duquel
nous nous dirigeons, et de cette famille de dynastes, alliée aux plus grandes maisons de l'Europe (*Othon II* d'Ochsenstein avait épousé la
sœur de Rodolphe de Habsbourg), et une des
plus puissantes de l'Alsace au moyen âge.

Avoués ou protecteurs de l'abbaye de Marmoutier, comme les Geroldseck, les Ochsenstein acquirent peu à peu des fiefs considérables.
Bourcard, auquel est due la fondation du château, vivait à la fin du douzième siècle. Son fils
Othon Ier agrandit les possessions patrimoniales.
Othon II se distingua à la bataille de *Hausbergen* (1262) et Rodolphe de Habsbourg, en
reconnaissance des services qu'il lui avait rendus, le nomma préfet (*landvogt*) d'Alsace. Les

domaines de la maison s'accrurent encore sous Othon III, qui portait la bannière d'Albert d'Autriche à la bataille de *Gœllheim* (1298) et mourut étouffé sous son armure.

Mais avec *Georges d'Ochsenstein*, qui avait pris parti pour les Linange dans leur lutte contre les Lichtenberg, commença la décadence de la maison. Le malheureux Georges fut fait prisonnier après la bataille de *Reichshofen* (1451) et, de même que Schafried de Linange, traité fort durement par le vainqueur, qui lui imposa des conditions désastreuses pour sa maison. Il mourut tristement, laissant à son neveu le comte de Deux-Ponts, ce qui restait encore de ses domaines démembrés.

Mais la personne qui nous intéresse le plus dans la généalogie des Ochsenstein, c'est la grand'-mère de Georges, *Cunégonde de Geroldsekk*, épouse de *Rodolphe II d'Ochsenstein*, dont il est question souvent dans les anciennes chartes, et cela en termes qui ne laissent aucun doute sur ses qualités d'épouse et de mère et la noblesse avec laquelle elle porta son veuvage. C'est à elle que nous croyons pouvoir rapporter l'histoire dont Schiller a fait le sujet d'une de ses plus touchantes ballades : *Der Gang nach dem Eisenhammer.*

Mais avant d'établir la probabilité de nos suppositions, visitons la ruine aux abords un peu sombres et sévères, située dans la plus complète solitude. Des escaliers nous conduisent au haut, et nous y rentrons dans la gaie clarté du soleil de mai, et y retrouvons, cette impression de chez-soi délicieux qu'on éprouve à dominer du regard une vaste étendue de forêts. On souhaiterait presque de faire un plongeon dans la verdure !

Ce qui frappe le plus dans la vue qu'on a de l'Ochsenstein, c'est *Dabsbourg* ou *Dabo*, dont le rocher, sur lequel a été bâtie récemment une chapelle, dresse sa masse carrée à l'horizon. On sait qu'un grand pape, *Léon IX*, issu de la maison des comtes d'*Eguisheim*, a attaché son nom à ces lieux, où l'on vénère encore son souvenir.

Dabo mériterait bien de nous arrêter un ou deux jours, car ce petit pays, bien qu'enclavé dans la Lorraine, se rattache encore à l'Alsace. Il y aurait maint point remarquable à y visiter, en commençant par *Obersteigen*, l'ancienne abbaye, la *Grotte de Saint-Léon* et tant de jolis sites dont nous apercevons d'ici quelques parties, telles que la *Hoube*.

Mais nous ne pouvons nous étendre davantage. Le Schneeberg nous fait signe de loin. Nous en contemplons la coupe majestueuse couronnée de roches, et les charmants groupes de maisons disséminées du *Schneethal* et de l'*Engenthal*.

« A demain ! » leur disons-nous, en prenant le chemin qui va nous mener à Wasselonne par *Reinhardsmünster* et *Allenweiler*.

Reinhardsmünster est très agréablement situé au pied de l'Ochsenstein et non loin de la lisière de la forêt. Ce village doit son nom au comte René de Hanau-Lichtenberg, qui le fit bâtir sur l'emplacement d'une localité disparue on ne sait pendant quelle guerre, et portant dans les vieilles chartes le nom de *Tillerevillare* ou *Dillersmünster*. L'église seule est restée debout et est un monument remarquable, de date très ancienne. Avant d'appartenir aux comtes de Hanau, le pays relevait tout entier des Ochsenstein, et comme une forge se trouvait aussi dans le voisinage, nous croyons pouvoir reconstituer la légende dont Schiller s'est emparé, en lui donnant ces lieux pour théâtre. En effet, si le poète a parlé d'un comte et d'une comtesse de Saverne, qui n'ont jamais existé du reste, c'est que le nom un peu barbare et peu harmonieux d'Ochsenstein ne pouvait figurer dans ses vers. Il n'existe pas, d'ailleurs, dans la contrée, un vieux château, une vieille église et une forge dont la topographie réponde mieux aux données de la ballade. Qu'on nous permette donc de placer ici cette histoire, et d'en donner à nos lecteurs une traduction approximative :

FRIDOLIN [1].

C'était un serviteur fidèle
Que le jeune et beau Fridolin ;
Aussi la comtesse aimait-elle
Son œil noir, ses cheveux de lin.

Elle était bonne, elle était sage,
Et commandait comme à regret.
Eût-elle exigé davantage,
A tout faire il eût été prêt.

[1] Les commentateurs donnent pour origine à cette œuvre de Schiller une vieille légende française contenue dans les *Contemporaines* de Restif de la Bretonne, et où Fridolin porte le nom de Champagne. D'autres la retrouvent près du fleuve anglais de Sévern. En Alsace la question a été beaucoup controversée. Les uns prétendent que le poète a voulu parler d'un comte et d'une comtesse de Saarwerden (*Savernia* en latin), ailleurs on place le théâtre de cette histoire à Schœnau. Il paraît que la légende n'a été localisée à Saverne que depuis l'occupation de cette ville par les troupes alliées en 1814.

MM. Ganier et Frœhlich, dans leur *Voyage aux*

C'est qu'il avait une âme pure
Et c'est qu'il priait en tout lieu,
Ne trouvant nulle tâche dure
Quand il regardait à son Dieu.

Plein de fourbe, jaloux et traître,
Robert, le premier grand veneur,
Perdait Fridolin près du maître,
Suspectant tout haut son honneur.

« La preuve !... s'écria le comte,
La preuve qu'on ose en ces lieux
En secret comploter ma honte,
Et j'écrase l'audacieux ! »

« — La preuve ? la voici palpable...
Ces rondeaux, chantant ses amours...
D'ailleurs, sur la comtesse, à table,
Il a les yeux fixés toujours. »

Et le comte, dans sa colère,
Enfourche son destrier noir.
Dans les grands bois longtemps il erre,
Fuyant bien loin de son manoir.

châteaux historiques assurent que le martinet de Reinhardsmünster ne remonte pas au-delà du 18ᵉ siècle, ce qui n'empêcherait pas, pensons-nous qu'il en ait existé un dans la localité disparue de Tillersmünster ; mais ils admettent que la chapelle de Saint-Gall, construite au 12ᵉ siècle par Menrad, abbé de Marmoutier a pu être contemporaine du récit. Quoiqu'il en soit, et tant que de nouveaux documents ne seront pas venus jeter plus de lumière sur la question, nous persisterons à revendiquer pour notre pays le brave Fridolin et la noble Cunégonde.

Ainsi, méditant sa vengeance,
Il perçoit le bruit d'un marteau,
Frappant sur l'enclume en cadence ;
C'est la forge de son château.

Une fournaise dans cet antre
Jette ses feux au fond du val.
Le comte hésite... Enfin, il entre...
Et c'en est fait de son rival !

« Le premier qui, de votre maître,
Portera les ordres ici
Dans ce gouffre doit disparaître.
Entendu ? Je le veux ainsi ! »

Il dit, et, pour toute réponse
S'incline le noir forgeron.
En s'éloignant Rodolphe enfonce
Aux flancs du coursier l'éperon.

A peine rentré dans son aire,
De sa vengeance le cœur plein,
Il mande le page et fait faire
Le message par Fridolin.

Le jeune serviteur s'empresse,
Mais avant de prendre l'essor,
Il veut savoir si sa maîtresse
Pour lui n'a pas quelque ordre encor.

Dame Cunégonde est assise
Son fils souffrant sur ses genoux.
« J'aurais voulu dans notre église
Porter mes vœux. » — « J'irai pour vous ! »

Aussitôt notre jeune page
Se met en route et, dans les bois,
Il prête l'oreille au langage
Des oiseaux à la tendre voix.

Il cueille la fleur entr'ouverte,
Sourit au ruisseau clair et pur,
A l'insecte, à la forêt verte,
Et bénit le beau ciel d'azur.

Lorsque de l'église il approche,
Il entend monter vers les cieux
Comme un appel un son de cloche
Qui réjouit son cœur pieux.

Tout est prêt pour les saints offices,
Mais les servants sont en retard.
Fridolin offre ses services
Et, la messe dite, repart.

Poussé par sa haine infernale,
Ne pouvant attendre au château,
Robert descend dans l'intervalle
Secrètement vers le marteau.

« Du comte avez-vous suivi l'ordre ? »
Dit-il ; aussitôt l'homme noir,
Bien qu'il résiste et cherche à mordre,
Le jette au gouffre sans espoir...

Fridolin maintenant s'empresse
Vers la forge. Il trouve si doux
D'avoir prié pour sa maîtresse
Pour l'enfant malade, pour tous !

« J'arrive de la part du comte ;
Il désire être bien certain
Que vous avez de façon prompte
Suivi ses ordres ce matin. »

Montrant l'enfer de la fournaise,
Le manant poursuit ses travaux,
Et Fridolin ressort, bien aise
De quitter ces sombres caveaux.

Quand au manoir rentre le page,
Son maître sent battre son cœur :
« — N'as-tu donc pas fait mon message ?
— Pardonnez ! j'en reviens, seigneur. »

« Que t'ont-ils dit ? que je le sache !
« — Le sens des mots était obscur :
« Il est bien là ! de notre tâche
« Le maître nous louera bien sûr ! »

« — Ah ! dit Rodolphe, sur mon âme,
Ici Dieu lui-même a jugé ! »
Et, sans tarder, près de sa femme
Il conduit le page outragé.

« Il est honnête, il est fidèle !
Je sais qu'il ne me trompe pas ;
Prenez-le toujours sous votre aile
Et que Dieu dirige ses pas ! »

XII.

WASSELONNE ET LE SCHNEEBERG.

Adale. — Les larmes de Godefroy de Thann. — De 1524 à 1680. — Sur l'échelle. — A Wangenbourg et au Schneeberg.

IEN qu'ayant conservée des traces d'une antiquité celtique et romaine, Wasselonne est nommée pour la première fois dans une charte de l'année 754, par laquelle *Bodale* ou Adalbert, fils d'Étichon, duc d'Alsace, et frère de sainte Odile, donne la moitié de cette localité à sa fille Athala ou *Adale*. Il y joint *Espenvillare*, village disparu correspondant sans doute à *Elbersforst*[1], où l'on ne voit plus qu'une mai-

---

[1] Voir : *Geschichtliche Notizen über Elbersforst und seine Gemarkung*, von L. A. Kiefer, ev. Pfarrer zu Balbronn. Strasbourg, Dumont-Schauberg, 1888.

son forestière et une chapelle en ruines, et qui est un fort joli but de promenade pour le touriste.

Il faut lire dans la Chronique de Kœnigshofen tout ce qui a rapport à ces saintes femmes et particulièrement à Adale. L'auteur nous raconte dans ce vieux style qui a tant de saveur comment, à l'exemple de sa tante Odile, elle « dédaigna les voluptés du monde », abandonna amis et richesses pour « mener une vie chaste et bienheureuse ». Son père, sur sa requête, consentit à transformer en couvent un castel sur la Bruche. Ce fut l'origine du monastère de Saint-Étienne à Strasbourg.

Il est douteux que Wasselonne ait eu à se réjouir souvent de la présence de sa noble et sainte patronne, celle-ci s'étant dessaisie de bonne heure de sa part sur ce fief en faveur de l'abbaye de Hornbach, près de Deux-Ponts. Mais il nous suffit de retrouver dans l'histoire qui nous occupe le nom de l'émule de sainte Odile, pour nous arrêter un instant à cette figure reproduite par les manuscrits et les vitraux du moyen âge, et autour de laquelle se groupe tout un cycle de légendes.

Humble et charitable pendant sa vie, Adale opère encore des miracles après sa mort ; les boîteux marchent, les aveugles recouvrent la vue et les noyés reviennent à la vie, après avoir été placés sur son tombeau, ce qui amène à l'église Saint-Étienne une affluence de pèlerins considérable. La jalousie de l'évêque de Strasbourg *Widerolff* en est excitée, et il en vient à faire disparaître nuitamment le corps de l'abbesse et à l'enterrer dans un lieu caché.

Kœnigshofen nous raconte en termes dont la traduction ne saurait rendre la naïveté et l'indignation contenue [1] comment la vengeance divine frappa l'auteur de ce sacrilège par une maladie semblable à celle d'Hérode, mais avec ce détail curieux que les rats et les souris venaient ronger son corps et le poursuivirent à la nage jusque sur le bateau où il s'était réfugié.

* * *

On comprend qu'une localité placée dans une

---

(1) Do kam doch zu hant Gottes roche über jn und wart das fleisch sines libes smakende das würme do inne wuchssent, und das noch seltzener ist die müse und raten bissen in und möchte jn niemand geweren. Also floch er in eine schiffe uff das wasser, do swument die müse zu ime und nugent sin lebende fleische. do erkannte er sine sünde und veriach dass er es an sinte athalen hette verschuldet, dass er also von den müsen sterben muste. (Kœnigshofen, p. 123.)

situation favorable et dans une contrée fertile, riche en céréales et en vignobles ait été beaucoup convoitée. Aussi l'évêché de Strasbourg profita-t-il du conflit entre l'empereur Frédéric II et le pape Innocent IV pour essayer de se l'attacher ; mais il ne jouit que peu de temps de cette acquisition et dut se contenter plus tard d'un droit de patronage. L'empire estimait, en effet, que sa place était dans cette vallée de la Couronne[1], séjour favori des rois d'Austrasie, et il revendiqua avec insistance la terre en litige.

> Elle doit être à moi, dit-il, et la raison
> C'est que je m'appelle lion.
> A cela l'on n'a rien à dire;
> Ce droit, vous le savez, est le droit du plus fort !

Une hauteur sur laquelle nous retrouvons quelques vestiges de l'ancien château impérial de *Kronenburg* s'appelle encore aujourd'hui *Lœwenkopf*, comme pour servir d'illustration à ces vers du fabuliste ; mais il n'en reste plus que le nom : lion et proie ont disparu ou ont subi d'autres destinées.

[1] Le nom de Kronthal n'est donné qu'à la gorge rocheuse de la vallée de la Mossig située entre Wasselonne et la gare de Wangen.

Une fois reconquise à l'empire, la partie de Wasselonne qui n'appartenait pas au monastère de Hornbach pouvait être donnée en fief à quelque vassal bien intentionné. Tels furent, sans doute, les seigneurs de *Fénétrange* (Finstingen). Appelés ailleurs par leurs intérêts, ils sous-investirent de leurs biens la famille des *seigneurs de Wasselonne (die Edeln von Wasselnheim)*. Ceux-ci, à l'extinction de leur lignée mâle, transmirent leurs droits par mariage à un représentant de la maison de Dahn, originaire du château situé à la source de la Lauter, dans le Palatinat, dont nous avons eu l'occasion d'admirer les proportions monumentales et le bel état de conservation.

C'est en 1434 que *Frédéric de Thann* ou de *Dahn* fut investi par l'empereur Sigismond du fief de Wasselonne, qui n'était jusque-là qu'un village et ne figure dans les chartes sous le nom de petite ville (*Flecken*) qu'à partir du 15⁰ siècle.

Walther et *Godefroy de Thann*, succédant à leur père à sa mort (1442), se laissèrent entraîner par les Fénétrange dans un conflit qui eut les conséquences les plus fatales pour eux et pour la localité ; nous voulons parler de la *Guerre dite de Wasselonne* (1446-1448).

Qu'on nous permette ici quelques détails. On sait combien l'Alsace eut à souffrir à cette époque de l'invasion des *Armagnacs*. Ils s'appelaient eux-mêmes les *Écorcheurs* (*Schinder*). Pillant et ravageant ce qui se trouvait sur leur passage, brûlant des tours où s'étaient réfugiés des enfants et des femmes, lançant des meutes de chiens affamés sur les fugitifs qui parvenaient à leur échapper, ils se livrèrent en un mot à toutes les cruautés. Les Fénétrange, au lieu de prendre, comme la plupart des représentants de la noblesse d'Alsace, parti contre les envahisseurs, s'allièrent à eux et leur prêtèrent leur concours [1], ce qui, après le départ des hordes étrangères, ne pouvait manquer d'attirer sur eux d'énergiques représailles.

Jean de Fénétrange fit aussitôt alliance avec les deux frères de Thann, pilla et incendia sans merci les possessions de Strasbourg et celles de ses alliés. Ces déprédations eurent pour réponse

---

[1] Der von Viestingen ritte zu dem Delphin (le dauphin, plus tard Louis XI) war sein Ratgeb, denn er alle Gelegenheit wusste in dem Landt. Er thate denen von Lützelstein und den Straszburgern grossen schaden, wo er nur kunte. (*Chronique de Kœnigshofen*, p. 1004.)

le siège du château de Wasselonne, qui dut céder au bout de quatre jours.

Godefroy de Thann, qui perdait ainsi toute sa fortune, sortit, nous dit l'histoire, en pleurant de son château, qui allait, selon les traités, être démantelé et rasé. Triste conséquence d'une alliance fatale ! Ses descendants furent toutefois réintégrés plus tard dans leurs droits, qu'ils vendirent pour 7000 florins à la ville de Strasbourg. Celle-ci se rendit aussi plus tard acquéreur de la partie de Wasselonne qui avait appartenu à l'abbaye de Hornbach, et établit dans la petite cité un bailli auquel le château reconstruit servait de résidence. (1496)

* *

Voici venir d'autres troubles, d'autres luttes ; un souffle nouveau a passé sur notre Alsace, et la Réforme qui s'introduit rapidement à Strasbourg trouve aussi un terrain favorable à Wasselonne.

« Tout ce qui était, nous dit l'historien Rœhrich [1], sous l'influence immédiate de la ville

---

[1] *Geschichte der Reformation im Elsass*, von *Timothee Wilhelm Rœhrich*. Strasbourg, Heitz, 1830, p. 374.

libre, avait les coudées plus franches que les localités placées sous une suzeraineté ecclésiastique ou seigneuriale. Aussi, dès le mois de décembre 1523, le prévôt, le tribunal et la paroisse de Wasselonne envoyèrent-ils à Strasbourg une pétition demandant un prédicateur évangélique. L'avoué Fabian d'Eschenau déclara ne plus pouvoir tenir tête aux bourgeois, si l'on ne consentait à les satisfaire. Le magistrat de Strasbourg installa donc l'année suivante à Wasselonne *Andreas Keller*, qui venait d'être expulsé pour cause de religion de la petite ville autrichienne de Rothenbourg. » Ce premier pasteur a laissé à ses ouailles un recueil d'instructions religieuses, publié chez Kœpfel à Strasbourg en 1530 [1]. En 1542 il occupait un poste dans le Wurtemberg.

La paroisse entière avait passé du catholicisme au protestantisme ; les habitants de la petite localité voisine, Zehnacker, en firent autant. A leur menace de « faire baptiser leurs enfants dans le papisme », si on ne leur envoyait immédiatement un pasteur, ils furent pourvus aussi d'un prédicateur.

[1] *Bericht der Kinder zu Waselnheim in frag und antwurt gestellt, durch Andream Keller diener des Wortt Gottes daselbs.* 1530, 4 Bl. in-4º.

C'est ainsi que, sous l'aile protectrice de Strasbourg, Wasselonne goûta soixante années de repos et fut exempte des rigueurs de la guerre des Paysans. En 1554, *Edmond Grindal*, que les persécutions de Marie Tudor avaient exilé loin de sa patrie, vint chercher un refuge à Wasselonne. Il y apprit si vite et si bien l'allemand qu'il eût été capable de prêcher dans cette langue ; mais c'est à tort qu'on le classe parmi les prédicateurs de cette ville.

Nous ne nous arrêterons pas au siège du château par le cardinal de Lorraine (1592), ni à la guerre de Trente Ans qui passa sur la petite ville sans trop l'éprouver. Pendant la guerre de Hollande Turenne s'empara du donjon, au mépris des traités. Il fut repris par les soins du Grand-Électeur de Brandebourg et rendu à qui de droit. Cependant, malgré la promesse faite de « n'inquiéter en aucune manière les habitants de Wasselonne et de Marlen », les troupes françaises reviennent à la charge, et le château est occupé par le maréchal de Créqui. Le 9 août 1680 un commissaire royal en prend définitivement possession pour Louis XIV, malgré les protestations du bailli et du prévôt, qui refusent de prêter serment et sont incarcérés à Vieux-Brisach. Les Chambres de Réunion avaient décidé que Wasselonne, comme le reste de l'Alsace, serait à la France, et malgré les plaintes de la ville de Strasbourg, le Conseil souverain d'Alsace proclama l'annexion, et accéléra de son mieux l'adoption par les habitants de la langue, des costumes et de la religion du vainqueur.

* * *

Les événements dont nous avons essayé de dégager les principaux sont tirés d'un tissu assez embrouillé de faits, de noms et de dates dont nous avouons avoir eu nous-même parfois quelque peine à sortir, malgré les nombreux volumes, petits et grands, étalés devant nous et se contredisant parfois. Nous remercions ici le jeune ami qui a bien voulu nous faire retrouver le fil d'Ariane dans ce dédale, et maintenant que nous avons payé à l'histoire son juste tribut, errons un peu, en simples amateurs, dans la jolie et coquette petite ville. Qu'il fait bon y trouver des rues qui montent, qui ne sont pas banalement plates et tirées au cordeau ! Elles sentent bien un peu le tan, c'est vrai, mais que l'air y est pur et que le séjour en est salubre ! Tout y a du caractère, de l'imprévu. Quels jardins fertiles et bien tenus, quelles jolies maisons discrètement abritées derrière de hauts murs ! Nous ne saurions oublier l'accueil amical que nous avons reçu dans l'une d'elles.

Ce qui reste du vieux château exerce sur nous son attraction. La voilà, la grande tour carrée, à balustrade ajourée, avec ses fenêtres en ogives, son horloge et ses corps de bâtiment très anciens, coiffés de leurs toits pointus. C'est par là qu'on monte à la plate-forme.

Notre jeune guide veut nous y faire jouir de la vue si étendue qu'on a de là-haut sur toute la contrée. Nous arrivons sans encombre jusqu'au degré supérieur de l'échelle, ... mais nos articulations un peu raidies par des courses de montagne récentes se refusent à la dernière enjambée... Il nous faut donc redescendre sans avoir laissé planer notre regard sur ce beau panorama. Pourtant nous avons pu, des collines environnantes, constater combien le site est aimable et proclamer Wasselonne l'une de nos plus agréables résidences d'Alsace et l'une de celles qui se prêtent le mieux à servir de centre d'excursions.

Il nous resterait maintes choses à visiter encore dans la petite ville et dans le voisinage, où des fouilles ont mis à nu tant d'antiquités, mais nous laisserons

Au stérile passé son sourire d'adieu [1],

et nous nous dirigerons vers ce qui nous captive encore plus que les sculptures mutilées, les vieilles monnaies et les cercueils de pierre.

* * *

O montagnes, montagnes! c'est vers vous toujours qu'on revient, c'est à votre paix qu'on aspire ! et depuis que nous voyons les contours du *Schneeberg* ondoyer à l'horizon, il nous tarde de faire connaissance avec cette cime de 961 mètres d'altitude.

Une voiture nous conduit en aimable société et par une route riante et ombragée, le long de la Mossig naissante, tout échelonnée de scieries et servant de moteur à la petite usine du *Fuchsloch*. Au *Freudeneck*, joli site dominé par une ruine, nous prenons un sentier. Verdure printanière, forêt touffue et gaie société, tout contribue à nous faire paraître le chemin court, et nous sommes tout étonnés de nous trouver si vite à *Wangenbourg*, bien connu dans notre Alsace par les séjours d'été qu'on peut y faire dans le confortable hôtel Weyer. C'est, en effet,

[1] *Poésies* de Mad. de Pressensé, p. 3. Fischbacher, Paris, 7ᵉ édition.

une localité prédestinée pour une cure d'air, tant à cause des forêts de sapins noires et profondes qui l'avoisinent, de la pittoresque ruine du château, bâti au quatorzième siècle par une branche maintenant éteinte de la famille de Wangen [1], qu'à cause de la variété des courses de montagne à faire dans les environs. Mais, ce matin, nous passons sans nous arrêter. Nous reviendrons vers le soir nous reposer devant l'hôtel, sous les marronniers aux fleurs roses, et nous ne pourrons détacher nos yeux de cet admirable fond du *Schneethal*, fascinant le regard par la douceur des teintes et l'harmonie des lignes, que pour aller terminer en famille notre journée auprès d'un intéressant vieux couple, un Philémon alsacien et une Baucis lorraine.

Un sentier ombragé et uni, dont la pente semble avoir été calculée par un géomètre, nous mène droit au *Schneeberg*. On s'apercevrait à peine qu'on monte et qu'on se trouve déjà fort haut, sans la végétation qui prend un caractère plus sévère et plus tourmenté. Des sapins très élevés, élancés comme des asperges et si serrés

[1] Elle appartient aujourd'hui au baron de Neveu, descendant des de Wangen.

qu'ils s'entrechoquent au moindre souffle, font entendre une harmonie mélancolique. Décidément tous les anciens lieux de culte druidique ont l'abord tant soit peu triste et mystérieux.

Aujourd'hui le temps est splendide, et nous pouvons nous en féliciter en entendant des membres de notre caravane nous conter le guignon qui fut leur partage l'an passé. Montés de nuit au sommet du Schneeberg, afin d'y jouir du lever du soleil, ils sont accueillis à leur arrivée par des averses et un brouillard si épais qu'ils ne réussissent pas même à découvrir la hutte-abri élevée contre un rocher par le Club vosgien. La même malechance fut le partage du Dr Kirschleger, le célèbre botaniste, lors de sa première ascension de cette montagne.

« Parvenus au sommet, couronné par d'immenses rochers de grès dénudés, nous nous disposons à herboriser. Le tonnerre gronde, les nuages fuient, le vent gémit et hurle, une pluie froide tombe avec force et les amis de la botanique *extra muros* sont heureux de trouver un abri dans des cavernes ou des anfractuosités de roc et de pouvoir y allumer du feu. La pluie cesse enfin et l'on espère jouir de la vue magnifique et imposante qu'on attendait avec tant d'impatience. Mais hélas ! cette jouissance ne fut rien moins que complète ; partout des orages locaux, des brouillards, des pluies, une fausse lumière projetée sur l'ensemble. On reprit tristement, à 5 heures du soir, le sentier de Wangenbourg.[1] »

Six ans plus tard, le grand botaniste eut plus de succès, admira l'autel druidique, des cuvettes semblables à celles du Hohnack, et moissonna pour ses herbiers des bruyères à fleurs blanches.

Quant à nous, nous ne trouvons guère encore que des tormentilles jaunes et des anémones ordinaires, car la végétation, fort en retard sur ces sommets balayés par le vent, en est à sa toute première poussée de verdure.

Nous voilà donc sur le Schneeberg, le Blocksberg alsacien, la montagne des sorciers et des mauvais génies, où le paysan ne passe qu'en se signant. Nous avouons n'y voir que des choses très riantes par ce beau jour ensoleillé et sous ce ciel d'azur. Aussi n'avons-nous que faire de la hutte-abri et montons-nous tout de suite sur les énormes roches, dont toute une tribu de coccinelles occupe les anfractuosités, recherchant les chauds rayons.

Chacun veut voir le fameux *Lottelfels* ou *Pierre branlante*, que les gens superstitieux ne

[1] *Flore d'Alsace*, p. 247.

toucheraient pas pour un empire, tant ils sont persuadés que son contact porte malheur. Un de nos compagnons de route, qui l'a vue souvent dans sa jeunesse, nous assure qu'elle a subi des mutilations depuis. Le fait est qu'elle ne branle plus guère, et si nous devions, comme les accusés d'autrefois, prouver notre innocence en provoquant par notre attouchement le déplacement du rocher célèbre, nous risquerions fort de nous voir condamner sans merci.

Les roches du Schneeberg présentent plusieurs cavités appelées *cuvettes*, qui sont considérées comme ayant servi aux sacrifices humains. Ce n'est pas sans un frisson que nous nous asseyons auprès de ces enfoncements qui paraissent emmagasiner tout au plus l'eau de pluie pour les corbeaux croassant sur les monts, et ont l'air de ne pas se souvenir du sang qu'ils ont contenu en un passé barbare et lointain !

Le panorama fait diversion à ces lugubres réminiscences, et nous nous mettons à étudier la table d'orientation.

Vers le nord, nous reconnaissons les localités visitées par nous récemment, les environs de Saverne, le Haut-Barr, Haberacker, etc. A l'est se trouvent Wasselonne, dans son riant berceau, et Strasbourg, dont la cathédrale s'encadre dans la brume ; au sud, Sainte-Odile, Guirbaden, le Climont, et à l'ouest, la Lorraine et le comté de Dabo avec ses belles forêts.

Combien de fois déjà n'avons-nous pas, sur une cime de nos Vosges, jeté autour de nous ce coup d'œil circulaire, et cela toujours avec la même admiration, soit que les lointains s'estompent de vapeurs légères ou que tous les contours s'accusent en lignes précises et en teintes doucement dégradées ! Chaque hauteur a son panorama à elle, son armée de vassaux qu'elle domine et qui semblent s'incliner devant elle comme le soleil, la lune et les étoiles dans le rêve de Joseph.

On les escalade les unes après les autres, on en sonde les horizons fuyants, et jamais on ne s'en fatigue, jamais on n'est blasé sur cette beauté des choses vues de très haut, sur cette jouissance de planer, de n'avoir plus rien entre soi et le ciel ! L'air pur et vivifiant fait de vous un autre être, léger, dispos, oublieux de toutes ses infirmités, et auquel il ne manque vraiment que le vol. Mais

Dieu peut, lorsqu'il lui plaît, donner des ailes d'ange
A l'âme que son œil suit dans l'immensité [1].

[1] *Au delà*, poésies d'Alice de Chambrier. Lausanne, Imer, 1884, p. 101.

XIII.

AU NIDECK PAR WANGENBOURG.

Un souhait à longue échéance. — Le meilleur livre à lire en chemin de fer. — Scieries et vers luisants. — Falb en défaut. — Le maçon et le sagard. — Le Wolfsthal. — La maison forestière du Nideck.

Dans ce « palais doré des amours enfantines » dont parle le poète, se dressent pour nous tous des images particulièrement chères, sur lesquelles notre naïve fantaisie de la dixième année basait quelque poème, quelque élégie mystérieuse ou quelque rêve. Parmi ces sujets de prédilection auxquels on revient toujours sans se lasser, figurait pour nous une vieille gravure représentant la géante du Nideck, au moment où elle se saisit de son étrange jouet. Aussi aspirions-nous ardemment, dès lors, à visiter les lieux dont la légende nous était si familière. Mais que de désirs du jeune âge restent toujours à l'état d'aspirations, que de rêves ne se réalisent que dans l'âge mur, ou se bornent à jeter leurs couronnes effeuillées sur notre tombe !

Notre souhait de voir le Nideck a mis presque quarante ans à se réaliser.

Ceci soit dit à l'intention de la jeunesse de notre époque, qui voudrait avoir tout visité, tout escaladé, tout conquis, et qui sera si vite blasée de cette haletante et fiévreuse prise de possession anticipée des choses, dont il ne lui restera plus tard ni souvenir vivant, ni émotion intime, ni écho durable.

On fait trop souvent l'ascension d'une cime uniquement pour pouvoir dire qu'on y a été, ou pour y expédier quelqu'une de ces cartes postales illustrées, si fort à la mode, destinée à aller enrichir une collection ; mais quel est le jeune touriste s'écriant, en présence des merveilles de la nature ou des vestiges d'un autre âge :

Sont-ce là tes soupirs, noir esprit des ruines ?
Ange des souvenirs, sont-ce là tes sanglots ?

Peu lui importe « l'âme des choses » !

Vous appellerez peut-être cela radotage de grand'mère, enfants qui avez assez de patience pour nous lire. Il faut bien en convenir, c'était tout différent de notre temps. Une course de montagne équivalait à une récompense suprême et constituait un gros événement, préparé longtemps à l'avance. Aussi c'était une vraie odyssée dont, vingt années plus tard, on se racontait encore les épisodes.

Le Club Vosgien n'avait pas alors muni tous nos sommets de ces sentiers faciles, reliés les uns aux autres, et combinant si heureusement les tournées ; aussi s'égarait-on presque toujours, c'était de rigueur, et l'on n'arrivait parfois au but qu'à quatre pattes.

Le Nideck donc semblait devoir rester inaccessible pour nous. A une époque plus récente, cependant, nous avions voulu le visiter. Voiture et chevaux étaient commandés, et nous écoutions en souriant le conducteur établir son itinéraire et nous parler de nous déposer « au père Haslach » (à Oberhaslach). Mais ni « père ni mère Haslach » ne voulaient de nous, il faut le croire, car, le lendemain, jour désigné pour l'excursion, nous ne vîmes d'autres cascades que celles qui tombaient avec ensemble des nuées.

Plus tard encore, même guignon... Cela ne

devait pas être, décidément, et il ne nous restait qu'à chanter le célèbre refrain de notre compatriote, le compositeur Nessler :

> Mais ç'eût été trop de bonheur, sans doute,
> Dieu te protège ! oh ! ç'eût été trop beau !

Aussi fallait-il de l'aplomb pour se proposer d'aller au Nideck, par un jour de grosses averses, où le baromètre fixait obstinément son aiguille au-dessous de *variable*, tandis qu'au calendrier se dressait un 13 bien noir. Ce n'est pas tout : nous avions encore contre nous les prédictions du fameux Falb, le Mathieu de la Drôme allemand, désignant ce jour-là comme « critique » entre tous.

N'importe ! nous voilà partis, et notre break roule dans la direction de la montagne !

A notre droite, à notre gauche il pleut ; le côté de Schlestadt est noir, celui de Strasbourg également, et, devant nous, de grandes nuées suivant les déclivités des montagnes vont se déverser un peu partout en douches vaporeuses. Voici Sainte-Odile sous les gouttes ; maintenant c'est du Champ-du-Feu et du Hohwald que part le cortège humide, glissant rapide le long des crêtes et menaçant de nous atteindre bientôt.

Mais nous voici à Obernai sans avoir reçu une

seule goutte d'eau, et nous n'aurons pas l'occasion d'ouvrir notre parapluie jusqu'à notre retour, les ondées ayant eu la gracieuseté d'attendre pour se déverser que nous fussions installés en chemin de fer.

* * *

La pluie nous laisse pourtant assez d'intervalles «lucides» pour que nous puissions regarder par la fenêtre. Quelque pays qu'on traverse sur l'aile de la vapeur, on trouve toujours des choses intéressantes à y voir. Nous ne comprenons guère le voyageur qui a le nez dans un roman ou sur la gazette du jour, au lieu de lire ce beau livre ouvert, aux pages variées, qui repose le regard et donne un si charmant canevas à la rêverie.

Chaque localité qu'on traverse, en Alsace surtout, fournirait un chapitre à une histoire autrement palpitante que celles qui remplissent certains de nos feuilletons et de nos revues.

Que de choses nous raconteraient les vieux monuments d'Obernai, de Rosheim, de Molsheim ; mais elles ne rentrent pas dans notre programme pour le moment. C'est vers la vallée de la Mossig que nous tournons notre objectif, admirant, en passant par Avolsheim, le *Dompeter*, qui est la plus ancienne église d'Alsace et dont l'origine remonte, dit-on, à saint Materne.

*　*　*

Nous quittons le train à *Romanswiller*, et ne rencontrant pas de voiture à la gare, nous tentons de faire à pied le chemin jusqu'à Wangenbourg. L'état de l'atmosphère, la boue glissante et l'heure avancée nous font rebrousser chemin cependant, et nous décident à chercher un véhicule quelconque. Pendant ce temps, le ciel s'est éclairci, et nous voilà, aux dernières lueurs du crépuscule, longeant en char-à-bancs la Mossig aux bords verts et fleuris et aux gracieux méandres.

Malgré la nuit qui approche, les scieries sont encore en pleine activité ; elles font résonner le vallon des gémissements des grandes tronces sous les dents d'acier, et ressemblent avec leur lampe suspendue aux poutrages, dont elles dessinent nettement tous les contours, à ces transparents en cartonnages que confectionnent les jeunes garçons et qui servent d'abat-jour.

De vagues lueurs glissent encore çà et là entre les silhouettes noires des sapins et les balustrades de pierre des ponts. C'est le moment pour nos jeunes filles de chanter l'air de *Mireille* de Gounod :

> Et dans les bois silencieux
> La nuit sur nous étend ses voiles.

Déjà nous avons dépassé la ruine du Freudeneck, à peine distincte dans l'ombre, et le sentier que nous prenions récemment en nous rendant au Schneeberg. Notre cocher n'a pas emporté de lanternes, se fiant sans doute aux scieries qui éclairaient le chemin à intervalles plus ou moins réguliers jusqu'ici, et aux vers luisants qui les remplacent maintenant et étoilent l'herbe humide de leurs scintillements phosphorescents. Bientôt apparaissent les premières lumières de l'Engenthal et de Wangenbourg, qui semblent elles-mêmes des vers luisants tout prêts à nous souhaiter la bienvenue par leur illumination modeste.

Beaucoup de maisons sont toutes noires déjà, et nous en félicitons les habitants, touristes ou autres, car l'obscurité de leurs fenêtres nous prouve qu'ils se conforment sagement au principe du bon roi d'Yvetot :

> Se levant tard, se couchant tôt.

A l'hôtel Weyer, cependant, tout est encore

éclairé, et l'on entend dans les salons un vague bruit de petits souliers glissant sur les parquets pour un temps de valse; plus tard, c'est une voix de baryton disant quelque romance de Schumann ou de Rubinstein; mais quand nous avons gagné nos lits, les chants se taisent, les lampes et les vers luisants s'éteignent, ne laissant plus passer sous les prunelles closes et les persiennes fermées d'autres lueurs et d'autres berceuses que celles des rêves...

* * *

O monsieur Falb, vous êtes en défaut cette fois, j'en suis fâchée pour vous, mais vos prédictions néfastes semblent ne pas devoir se réaliser, aujourd'hui du moins. Cependant c'est bien du 13 au 15 août que vous nous avertissez charitablement de ne pas nous fier aux éléments. Le baromètre ne cesse de baisser, il est vrai. Que nous importe ! Le soleil qui se lève radieux ce matin sur Wangenbourg a l'air de ne rien comprendre à la météorologie, et nous envoie un bonjour de joyeux augure. Il pénètre dans notre chambrette, glisse sur les feuillages humides des marronniers du jardin, redresse dans les massifs de verveines et de bégonias les pauvres fleurs abattues par les pluies d'hier, et fait tout ce qu'il peut pour réchauffer l'air matinal, et lutter contre la fraîcheur d'un vent qui voudrait ramener les nuages.

Vite, debout, et allons à la recherche des parents et amis que nous devons rencontrer ici ! Ah! les paresseux! Ils ont tous encore leurs persiennes closes. En vain leur chantons-nous l'aubade de Schubert :

> Steh auf! steh auf!

en vain frappons-nous à leur porte ; ils se conforment le matin comme le soir au programme du roi d'Yvetot. Allez, braves gens, citadins, lassés par l'excès de la vie intellectuelle, ménagères énervées par les combinaisons de menus, les balances de comptes et toute cette fièvre de courses et de visites de la vie moderne, vous avez raison, et plutôt que de continuer à vous répéter : « Steh auf! » nous devrions vous chanter :

> Dormez, dormez, ma belle,
> Dormez, dormez toujours !

Mais, tout de même, non ! Levez-vous et venez saluer ce gentil soleil qui nous veut tant de bien aujourd'hui, et pourrait avoir la fantaisie

de se cacher si nous ne lui tenions compte de ses
efforts.

* * *

Le café bu, en route pour le Nideck ! Quel
chemin prendrons-nous? Autant de têtes autant
d'avis, dit le proverbe. Les uns veulent passer
par le Schneeberg, les autres, et nous sommes
du nombre, préfèrent s'engager sur le sentier du
Wolfsthal, qui nous attire par son beau fond de
vallée vert et ses forêts. Il s'agit de savoir quel
itinéraire est le plus court. M. Weyer, consulté,
affirme que l'escouade du Schneeberg sera à la
maison forestière avant celle du Wolfsthal. Le
pari s'engage donc et l'on se sépare. Nous
avouons n'avoir aucune envie de le gagner, mais
uniquement le désir de jouir de la montagne et
d'en aspirer la sève et la vie par tous les pores,
pour ainsi dire.

Ah ! qu'il ferait bon passer quelques semaines
sur ce riant plateau de Wangenbourg, soit à
l'hôtel Weyer, soit dans une de ces petites maisons proprettes si gaies, où l'on peut faire son
ménage soi-même ! Qu'on se plairait à se promener au clair de lune près de cette ruine qui
ajoute tant de pittoresque au paysage, ou bien,
l'aimable Guide de M. Aimé Reinhardt à la

main[1], à rayonner dans cette contrée prodigue de beaux sites, de vieux monuments et de légendes ! Mais la vie a rarement de longues haltes et, selon la parole de Jésus, il nous faut « marcher aujourd'hui, demain et le jour suivant ». (Luc, XIII, 33.) La villégiature éternelle, coupée du seul genre de travail compatible avec elle, nous attend au delà des horizons terrestres, dans ces montagnes plus belles encore que nos Vosges et d'où, maintenant déjà, « nous vient le secours ». (Ps. CXXI, 1.)

Contentons-nous d'aspirer au passage le plus possible de parfums résineux, et de retenir les traits principaux de tout ce qui sollicite ici notre attention.

Les braves montagnards de Wangenbourg sont polis et avenants ; on ne rencontre rien chez eux de la rudesse des mœurs de la campagne. Aimant leurs forêts, ils en vivent aussi, et sont pour la plupart *sagards* ou bûcherons.

A ce propos, une jolie anecdote rappelant certaine fable bien connue. Deux beaux-frères de la localité ont pour outil l'un la truelle et l'autre la

---

[1] *Wangenbourg et ses environs*, guide du touriste, par Aimé Reinhardt, (avec une carte et des vues). Strasbourg, Ed. Hubert, 1889.

scie. Le premier se plaint amèrement des nombreuses pluies de l'année, qui sont défavorables aux bâtisses et entravent tous les travaux ; le second, au contraire, se félicite des ondées qui rendent le bois plus tendre et plus facile à scier, si bien qu'il fait deux fois plus de besogne en temps de pluie que par la sécheresse, sans compter que les cours d'eau alimentant les scieries ne sont pas à sec. Aussi le sagard et le maçon de se chamailler sans cesse au sujet de l'état de l'atmosphère, et s'ils possédaient le don de faire osciller l'aiguille du baromètre, l'un ne manquerait pas de la diriger à gauche, tandis que l'autre la pousserait à droite.

N'est-ce pas un peu la même chose partout ? La ménagère demande du soleil pour sa lessive et le cultivateur veut de l'eau sur ses prés desséchés ; le moissonneur attend quelques jours sereins pour couper ses blés, et le citadin accablé par la canicule soupire après une ondée rafraîchissante. Et l'on s'étonne que le Grand Maître de l'Observatoire céleste ne puisse exaucer toutes les prières !

Aujourd'hui, sûrement, c'est le maçon qui se réjouira, et le sagard maugréera, en attendant la réalisation des oracles de M. Falb.

* * *

Le sentier du Wolfsthal est charmant et varié au possible, et fait exprès vraiment pour montrer la forêt sous tous ses aspects. Ce n'est ni un beau ruban uni, ni une inclinaison régulière, bien égalisée à coups de pelle ou de massue. Gare aux racines qui le traversent parfois à fleur de terre, semblables à des nervures géantes ! Ici l'on monte, là on descend ; tantôt c'est une tête qu'on contourne, un col que l'on traverse, des couverts sombres où, dans la pénombre humide, croissent les chanterelles dorées et les clavaires, prêts à enrichir le menu des habitants de Wangenbourg ; plus loin, dans les forêts jeunes, ou entre les arbres clair-semés, ce sont de vrais champs de fougères ou des tapis de myrtilles, de bruyères, de mousse et d'herbes aux fines aigrettes pointillées de rosée. Sur ces dessous touffus s'élèvent les hampes des lysimaches, des valérianes et des digitales, ces dernières à peu près défleuries déjà et arrivées au dixième ou douzième étage de leur haute tige. A un moment donné nous rencontrons un grillage et une porte en fil de fer galvanisé par laquelle nous passons. C'est la clôture bornant les chasses qui se rattachent au domaine de *Gentzbourg*. Cette belle propriété, située dans une des parties les plus romantiques de la contrée, appartenait à la famille Nœtinger et a été, comme on sait, acquise récemment pour le compte de l'empereur.

Après avoir traversé un dernier carrefour, nous nous trouvons au haut du col, dans un vrai parc forestier, où les mélèzes tendent vers nous leurs branches gracieuses frangées de vert clair. Déjà nous voyons au-dessus des arbres les cimes de la vallée de la Bruche.

Nous approchons de la maison forestière, et des sons de voix nous avertissent que la bande du Schneeberg nous a, en effet, précédés et chante bien haut sa victoire. Soyons bons princes et n'essayons pas de la lui disputer.

. * .

Toutes les jeunes filles ont un idéal. Vous ne nous démentirez point, bien sûr, blondines rieuses ou brunettes gentilles qui me lisez. Pour les unes c'est un brevet à obtenir, une particule ou un blason à décrocher, ou bien quelque villa, quelque château flanqué de tourelles, avec un parc, un lac, des cygnes blancs...., que sais-je? pour d'autres, les moins nombreuses nous l'espérons, ce n'est qu'un sac d'écus, assez gros pour pouvoir se déverser impunément sur les mémoires des couturières et des modistes.

Nous avouons n'avoir souhaité rien de pareil pour notre part, et nous être contentée de répéter souvent à votre âge les jolis vers de V. Hugo :

> Une maison petite avec des fleurs ; un peu
> De solitude, un peu de silence, un ciel bleu ;
> La chanson d'un oiseau qui sur le toit se pose;
> De l'ombre. Ah ! quel besoin avons-nous d'autre
> chose ?

Et cette « maison petite avec des fleurs » se personnifiait pour nous dans... un presbytère ou une maison forestière. C'est pourquoi nous les aimons toujours, les uns et les autres, et nous nous plaisons, dans nos excursions à travers les montagnes, à entrer dans ces paisibles retraites, enchâssées dans la verdure, et où l'on doit couler, semble-t-il, une vie si facile et si douce.

La maison forestière du Nideck compte parmi les plus charmantes que nous connaissions, et le magnifique chat sauvage empaillé qui en orne la salle à manger, et qui darde sur vous ses gros yeux vitreux de fauve prêt à dévorer sa proie, n'ôte rien au charme du logis.

C'est là que nous faisons mettre le couvert pour vingt-deux personnes — tout un bataillon!

Notre amphitryon commande des potées de pommes de terre et des omelettes pantagruéliques, pour accompagner certain pâté, qui a fait bien des pérégrinations. Et sans nous inquiéter davantage de l'état des approvisionnements, nous allons au château et à la cascade, où nous rejoindrons les derniers arrivants convoqués au rendez-vous.

XIV.

DU NIDECK A HASLACH

Le château. — La légende de la géante et la poésie de Chamisso. — La cascade. — Le château du Ringelstein. — L'église de Haslach.

ENFIN, nous voici devant ce château de nos rêves, si connu par sa légende et par les vers qu'il a inspirés, et dont l'histoire se résume en quelques mots. C'était, avec son voisin le *Hohenstein*, le *Ringelstein*, *Guirbaden* et les châteaux de *Mutzig* et de *Schirmeck*, une des six places fortes défendant l'entrée de la vallée de la Bruche. Il est mentionné pour la première fois en 1336. La famille de Nideck paraît s'être éteinte de bonne heure et c'est un seigneur nommé *Wirich* qui l'habite lors du siège du donjon pendant la guerre de Wasselonne (1448). En 1454, un autre membre de cette famille, *André Wirich*, y est assiégé par Ludemann de Lichtenberg et ne doit la vie qu'au dévouement de sa jeune épouse, prosternée suppliante aux pieds du vainqueur. Détruit par un incendie en 1636, le Nideck ne fut plus rebâti. Appuyé à une crête de rochers, il domine encore de ses ruines la cascade, qui se précipite d'une hauteur de près de 30 mètres dans l'abîme. Nous montons sur un premier fragment de ruines par un escalier en pierres muni d'une rampe et aboutissant à une petite plate-forme, où deux sapins sont encastrés dans un socle de maçonnerie. L'œil plonge là-haut dans un fouillis de verdure vraiment féerique, d'où il se reporte sur des lignes boisées s'entrecroisant, et dominées par le Noll et les sommets voisins, qu'une légère brume bleue enveloppe.

Un peu plus loin se dresse une grosse tour carrée, sorte de donjon où l'on entre par une porte qui fait se récrier les plus jeunes membres de notre société :

« — La géante n'a pas pu passer par là, c'est impossible ! » disent-ils.

Je le crois bien, puisque cette porte a été percée récemment pour donner accès à la tour. Elle supporte la plaque commémorative où se distingue un médaillon du poète Chamisso, encadré dans les premiers vers de la ballade célèbre intitulée *Das Riesenspielzeug*. On sait qu'une première version en dialecte alsacien de cette histoire est due à Mad. Engelhardt, fille de l'helléniste Schweighæuser, et c'est cette donnée locale que Chamisso a remaniée. Nous essayerons à notre tour de la rendre, bien imparfaitement, hélas ! en vers français :

* * *

LA GÉANTE DU NIDECK.

Un château fort élevait autrefois
Sa tour hardie au milieu des grands bois ;
Il abritait, nous raconte la fable,
De fiers géants la race redoutable.

Or il advint que l'enfant du seigneur,
Fillette blonde à l'œil d'azur rêveur,
Vit en jouant une poterne ouverte,
Et s'élança dans la campagne verte.

Oh ! quel plaisir ! Errer en liberté
Dans les forêts par un beau ciel d'été,
Sentir du vent la bienfaisante haleine,
S'aventurer sans guide vers la plaine...

En quelques pas elle est loin du manoir.
Quel monde neuf ! que de choses à voir !
Maisons, clochers, ruisseaux, vergers et vignes,
Prés, champs dorés croisant partout leurs lignes.

Tout en allant ainsi par les vallons,
L'enfant joyeuse a vu dans les sillons
Un laboureur dont la charrue agile
D'un soc aigu perce le sol fertile.

De l'aiguillon excitant les chevaux,
L'homme, absorbé par ses rudes travaux
Et poursuivant sa marche égale et lente,
N'aperçoit pas la gentille géante.

« Ah ! que voilà, dit-elle, un beau jouet ! »
Et s'emparant de tout, jusqu'au fouet,
Dans sa tunique elle met sa trouvaille,
De ses deux mains la serrant à sa taille.

Sans s'émouvoir trop des cris du rustaud
En quelques bonds la fillette est en haut,
Portant toujours sa charge singulière
Dans les replis de l'étoffe légère.

« — Vois, père, vois ce que j'ai pris là-bas !
Qu'est-ce ? bien sûr tu ne devines pas ! »
Dit-elle, encor de l'aventure émue.
« — Quoi ? fait le père, un jouet qui remue ? »

« — Mais c'est vivant ! reprend-elle, oh ! vois, vois ! »
Et dans sa joie elle étale à la fois,
Tout en riant comme on rit à son âge
Le villageois tremblant et l'attelage.

Mais ! ô surprise ! elle voit du vieillard
A cet aspect s'assombrir le regard.
« — Qu'as-tu fait là ? dit-il, enfant, sur l'heure
Il faut sortir cela de ma demeure.

« Le paysan ne saurait nullement
Etre pour nous un simple amusement ;
Oh ! respectons le travailleur austère,
Qui nous nourrit en cultivant la terre

« Sans lui, crois-moi, ni bons vins généreux,
Ni pain doré, ni tissus vaporeux,
Et notre race a puisé force et sève
Dans ses sueurs, dans son travail sans trêve. »

Cette vieille légende n'est-elle pas d'une actualité saisissante ? On ne saurait trop en méditer le sens profond. Il ne sera pas hors de propos, pensons-nous, de la rapprocher du beau sonnet de Sully-Prudhomme, intitulé *Un Songe* [1] :

Le laboureur m'a dit en songe : Fais ton pain,
Je ne te nourris plus, gratte la terre et sème.
Le tisserand m'a dit : Fais tes habits toi-même.
Et le maçon m'a dit : Prends la truelle en main.

Et seul, abandonné de tout le genre humain,
Dont je traînais partout l'implacable anathème,
Quand j'implorais du ciel une pitié suprême,
Je trouvais des lions debout dans mon chemin.

[1] *Poésies* : *Les Épreuves*. (Action.) Lemerre, 1877.

J'ouvris les yeux, doutant si l'aube était réelle :
De hardis compagnons sifflaient sur leur échelle,
Les métiers bourdonnaient, les champs étaient semés;

Je connus mon bonheur, et qu'au monde où nous
                                          sommes
Nul ne peut se vanter de se passer des hommes,
Et, depuis ce jour-là, je les ai tous aimés.

La poésie ne serait certes pas un jeu vain d'artiste ou de rêveur, si elle pouvait contribuer à graver dans les cœurs cette grande loi de la solidarité humaine, et à servir de commentaire à la parole divine : « Tu aimeras le Seigneur ton Dieu de tout ton cœur, de toute ton âme, de toute ta pensée et de toute ta force ; c'est là le premier et le plus grand commandement, et voici le second qui lui est semblable : Tu aimeras ton prochain comme toi-même. » (Marc XII, 30.)

* * *

Escaladons les cinq ou six escaliers de bois ménagés dans la tour du Nideck et plongeons encore une fois de là-haut nos regards dans ce beau fond de vallée, borné par un demi-cercle de montagnes, où nous reconnaissons Guirbaden, Sainte-Odile, le Champ-du-Feu, etc. C'est d'ici qu'on distingue le mieux les roches de porphyre très hautes, s'avançant comme un contrefort naturel du château, et qui montrent des parois si minces et si aiguës qu'on les dirait taillées par un couteau cyclopéen. La cascade fait entendre au-dessous de nous sa cadence.

Nous nous en rapprochons encore sur la plateforme et le banc vert d'où, en nous penchant un peu en avant, nous pouvons distinguer, entre les buissons accrochés à la roche, les gerbes d'eau en rayons et comme pulvérisées. Puis, nous nous engageons sur les lacets du sentier qui conduit tout au fond du vallon, et là nous nous asseyons bien en face de la poétique chute d'eau.

On nous la disait surfaite, mais nous ne sommes pas de cet avis. Est-ce l'effet des pluies récentes? En tout cas, nul n'est besoin aujourd'hui d'ouvrir les écluses du petit réservoir placé au-dessus, manège innocent qui a déjà fait sourire maint touriste. Cette fois, c'est une cascade bien authentique que nous avons, et, en la voyant glisser sur la surface lisse du rocher auquel l'humidité donne un lustre satiné, nous ne pouvons nous empêcher de la comparer à un voile de gaze légère, dont les plis seraient fixés sur une riche étoffe de soie.

Un bouleau arraché par quelque tempête est jeté en travers de l'eau frémissante, et la blan_ cheur du tronc se confond avec les perles écumeuses de l'onde. Tout autour, de grands arbres projettent leur ombre et entretiennent la fraîcheur des mousses sur les amoncellements de pierres. Au-dessus de la cascade la paroi de roc se couronne de sapins et de tout un rebord de fraîche végétation silvestre. Un peu plus loin s'y dessine la ligne blanche d'une autre cascade, liliputienne celle-là.

Quelque chose de mélancolique plane, du reste, sur le paysage un peu gris en ce moment, le soleil s'étant caché, et l'on songe à la légende de l'ondine cassant sa cruche, ou à celle de la fiancée du Nideck qu'un cortège funèbre vient encore chaque année ensevelir dans les profondeurs du vallon. Mais soudain le spectacle change et un brillant rayon de soleil donne aux teintes plus d'éclat, aux contours plus de vigueur, et chasse les impressions pénibles ou inquiètes.

. * .

Le dîner champêtre très gai s'est achevé par des jeux auxquels grands et petits ont participé. L'heure du départ est arrivée. A partir du *Pandourenplatz* les chemins se séparent ; les uns retournent à Wangenbourg, les autres prennent la direction de Wasselonne ; les troisièmes, dont nous sommes, descendent vers Haslach par le sentier dit des *Pèlerins*. Longtemps encore la forêt retentit d'appels lointains, d'échos joyeux, puis tout rentre dans le silence relatif que comporte un tête-à-tête de pèlerins, puisque pèlerins nous sommes tous ici-bas, de par notre vocation terrestre. Plus aucun bruit ne trouble maintenant la solennité et la majesté de sanctuaire des bois. Par-ci, par-là une éclaircie nous fait entrevoir le Donon ou quelque autre cime et nous arrivons ainsi au col qui sépare le vallon de la Hasel de celui du Pfaffenlappenfelsen, dont le nom a tant fait rire nos fillettes. A côté d'une pépinière installée là se détache un sentier menant au *Ringelsberg*. Nous hésitons d'abord à le prendre, craignant d'allonger par trop notre itinéraire, mais un peu plus bas, près d'un banc qu'on pourrait appeler le *Repos du philosophe*, et dans un fourré sombre qui, sur cette montagne, fait penser à des incantations ou à des rites mystérieux, nous voyons se détacher de nouveau en blanc sur la plaque rouge d'un poteau indicateur le petit mot magique de *Ringelsbourg*. Nous n'avions pas cru en être si près ; aussi ne résistons-nous pas à l'invitation, et nous engageons-nous sur le sentier.

Heureuse inspiration ! A peine sur la crête, nous sommes frappés du caractère majestueux de cette nature dont le vent chantant dans les grands chênes et les sapins semble vouloir évoquer pour nous les épisodes préhistoriques.

Ces roches aux formes significatives, ces fossés, ces larges murs entourant la montagne d'une double enceinte elliptique (de là le nom de Ringelsberg ou de Ringelstein) sont d'un très grand caractère, et pour peu qu'on entende craquer les branches ou les feuilles sèches, on s'apprête à voir quelque apparition du passé...

Ce ne sont que d'agiles chevreuils qui traversent le sentier... Nos compagnons de route de tantôt auront, eux, le plaisir, de rencontrer tout un petit troupeau de marcassins.

Mais le vent s'est apaisé, et, à part quelque plainte d'oiseau, tout fait silence.

Nous sommes au pied de la vieille forteresse du Ringelstein. On ne connaît pas l'époque de sa construction, ce qui nous autorise peut-être à la faire remonter, avec certaines parties de ses enceintes pierreuses, aux temps du mur païen à Sainte-Odile. Elle figure pour la première fois dans l'histoire en 1162, à l'occasion d'un conflit entre *Anselme de Ringelstein* et l'évêque de

Strasbourg, et, de fief épiscopal, devient possession des comtes de Salm, des chevaliers de Dorolsheim et des comtes d'Eguisheim et de Linange, pour être détruite en 1470, tandis que le château voisin du *Hohenstein* l'était déjà en 1338.

Il ne reste plus grand'chose de la Ringelsbourg, mais assez cependant pour en faire l'ascension. Le touriste qui croirait ne rien perdre à passer outre se tromperait étrangement, car, arrivés par les marches de pierre au sommet, nous laissons échapper un cri d'enthousiasme à cette vue, l'une des plus belles que nous ayons rencontrée dans les Vosges septentrionales. Et tout juste, comme pour augmenter encore la splendeur du coup d'œil, le ciel couvert se dégage, un rayon passe entre les nuages et se répand en grandes nappes lumineuses, qui font distinguer les plus menus détails. Voici les châteaux d'Ottrott et, au delà, une échappée sur la plaine, où l'on reconnaît certaines localités du Ried avec leurs clochers et leurs cheminées.

A nos pieds la vallée de la Bruche se développe dans ce laisser-aller bon enfant que semblent avoir les choses vues de très haut.

Au delà des rochers de Mutzig et du Noll, nous retrouvons des cimes bien connues et souvent parcourues : Salm, les Hautes-Chaumes, la Noire-Côte, etc., et c'est ainsi que, dans ce vaste panorama, tout nouveau pour nous cependant, s'encadre un large fragment du passé dont la rencontre nous émeut et éveille de lointaines réminiscences. Et tout juste, au pied du château, nous voyons, comme pour symboliser les temps écoulés, un de ces buissons de bois-gentil ou daphné, tel que nous en cultivions enfant dans notre petit jardin, et dont nous allions, dès le mois de février, surveiller l'éclosion des fleurs roses parfumées. Celui du Ringelstein est couvert de ses fruits rouges si jolis, mais contenant un violent poison. Nous emporterons cependant un rejeton de cette plante que nous cherchions en vain, depuis tant d'années, à retrouver, parce qu'elle est la première annonce du printemps dans les forêts.

Oh! nous vous saluons ici, montagnes chéries, où nous avons senti vibrer pour la première fois en nous l'amour profond de la nature. Soyez bénies pour tout ce que vous nous avez donné, jadis, et voulez bien nous offrir encore !

* * *

C'est ici que nous devrions nous arrêter, car nous empiétons déjà sur la vallée de la Bruche ;

mais nous ne saurions revenir du Nideck sans nous reposer un moment à Haslach.

De loin nous jetons un coup d'œil à la chapelle de Saint-Florent, bâtie à Oberhaslach sur l'emplacement même de la cellule de ce pieux patron de l'Alsace. Nous avons déjà dit en passant comment il rendit à la fille de Dagobert II, *Rathilde*, la vue, l'ouïe et la parole.

C'est surtout l'église de Niederhaslach que nous désirons visiter. Recueillons-nous devant cette sœur cadette de notre cathédrale, portant comme elle la marque du grand architecte. Le fils d'*Erwin de Steinbach* y est même enterré. L'édifice, restauré par M. l'architecte Émile Bœswillwald, est aussi remarquable par ses proportions élégantes et ses sculptures que par ses magnifiques verrières remontant au treizième siècle. Le grand portail rappelle celui de Strasbourg et est décoré de statues et de bas-reliefs représentant des scènes de la vie de saint Florent. Des moineaux effrontés gîtent dans ces sculptures, et nous voyons même l'un d'eux se poser sans gêne sur le dos de l'âne de saint Florent, représenté au moment où son maître lui fait contourner les terres dont il aura eu le temps de tracer le pourtour pendant la durée du bain de Dagobert, et qui constitueront son domaine.

Les hirondelles aussi ont élu domicile dans les vieilles sculptures, mais plus respectueuses des saints et de leurs montures, elles se sont modestement placées dans la frise au-dessus du portail. L'une a accroché son nid entre deux fleurons, l'autre sous les pattes d'une biche, une troisième dans la queue d'un dragon.

Pour leur tenir compagnie, une cigogne se tient gravement sur un pied au haut de la balustrade à jour courant tout autour de l'édifice, et ceignant les deux tours octogones de sa dentelle de pierre. L'échassier médite sans doute un départ prochain et ne résiste pas à la mélancolie de la séparation. Ne s'empare-t-elle pas aussi de nous au moment où nous terminons cette série d'excursions ? Tout ce qui finit ici-bas est triste, sans doute, mais, en réalité, rien ne finit jamais. Tout se transforme plutôt et n'est que le reflet de quelque chose de meilleur, de plus stable et de plus beau.

OUVRAGES DU MÊME AUTEUR

	Fr. C.
Grétel, récit alsacien, 1 vol.	2 50
De Fil en Aiguille, 1 vol. (épuisé)	2 50
Fleur de Genêt, nouvelle, 1 vol.	3 50
Chez nous, poésies, 1 vol. elzév.	2 50
Souvenirs d'un grand-père, 1 vol.	2 50
Le pasteur Hœrter, biographie, 1 vol. (avec portrait)	1 —
Le Ban-de-la Roche, 1 vol. avec vues, portraits, carte et autographes, suivi de fragments de sermons inédits d'Oberlin	4 —
Emma Warnod, notice biographique, 1 vol. in-12 avec un portrait et un paysage (2ᵉ édition)	1 50

www.ingramcontent.com/pod-product-compliance
Lightning Source LLC
Chambersburg PA
CBHW070524170426
43200CB00011B/2316